„Weltenbummler"
Geschichten aus der Tiefe des Seins

Ein Buch
von
Michael Kern

© 2015 – Text und Gestaltung
Michael Kern

Cover Motiv - Pixabay
www.pixabay.com

Herstellung und Verlag
BoD – Books on Demand, Norderstedt

ISBN 9783734765988

Vorwort

Lieber Leser,

seit meinem letzten Buch, ist die Zeit wie gewohnt, konstant und unaufhörlich weiter geschritten, und das sogar, obwohl sie genauer betrachtet gar nicht existiert. Wir leben in einem immerwährenden Moment und sammeln in ihm unsere Erinnerungen, die uns glauben schenken, die Zeit hinter uns zu lassen. Es ist nicht immer so einfach diesen Lauf zu erfassen und so geschieht wie immer, alles gleichzeitig und auch nur JETZT in diesem Moment.

Was bedeutet also die Zeit in einem Prozess wie diesem, in dem ein Buch entsteht und währenddessen scheinbar viel Zeit verging? Ist es nicht die selbe Zeit wie noch zuvor und ist überhaupt Zeit vergangen? Haben wir nicht letztendlich in der gefühlten Zeit lediglich ein paar neue Erfahrungen und somit Erinnerungen sammeln dürfen? Das darf jeder selbst entscheiden. Wie Sie vielleicht merken, benötigen wir dafür auch eine gewisse Vorstellungskraft, oder anders ausgedrückt – Fantasie.

In meinem neusten Buch, welches Sie in Händen halten, geht es genau darum – um die Fantasie. Viele meiner kleinen Geschichten umschreiben das eigentliche Thema und bieten Ihnen somit genügend Freiraum, Ihre Fantasie mit ins Spiel zu bringen. Die meisten meiner Geschichten besitzen zudem im Kern eine spirituelle Botschaft, die ich bedingt durch meinen Lebensweg, mit einfließen ließ. Es liegt ganz an Ihnen, ob Sie sich darauf einlassen, oder einfach kopfschüttelnd das Buch beiseite legen. Wie auch sonst in Ihrem Leben, ist es Ihre Wahl etwas anzunehmen, oder einfach abzulehnen. So wie es auch meine Wahl war, dieses Buch doch noch zu vollenden, obwohl dies zwischenzeitig nicht so ausgesehen hat.

In diesem Sinne, wünsche ich Ihnen viel Vergnügen beim Lesen und hoffe, dass ich das in Ihnen berühren kann, was berührt werden möchte.

Ihr Michael Kern

Inhalt:

1. Der Schatz zwischen der Zeit
2. Auf dem Grund der Wahrheit
3. Die Vergangenheit
4. Die Zeit rennt
5. Weitblick
6. Die Fesseln der Vertrautheit
7. In der dunkelsten Stunde
8. Am Ende
9. Die Ausgrabung
10. Weiter als man denkt
11. Von Menschen und Tieren
12. Rückgabe
13. Das Zimmer
14. Nur Gedanken brauchen die Zeit
15. Abgrund – die Rückkehr (Teil 1)
16. Wenn du dem Denken folgst
17. Ein Ort jenseits der Gedanken
18. Im Wartezimmer
19. Nachricht aus der Zukunft
20. Nichts ist, was Gott nicht ist
21. Schatten der Vergangenheit
22. Quelle der Seelen

Inhalt:

23. Das siebte Ende
24. Erbin des Lichts
25. Der erste Tag
26. Ein Meer aus Lügen
27. Prinzessin sucht Prinzen
28. Was ich von dir will
29. Manipulatori
30. Das legendäre Artefakt
31. Keine Zeit für die Geduld
32. Die Simulation
33. Die Dinge des Lebens
34. Der Baum auf dem Mond
35. Gedankenformen
36. Verloren
37. Der Weg ins Herz
38. Wer bin ich?
39. Abgrund – die Rückkehr (Teil 2)
40. Alles wird gut
41. Die Welt drehen
42. Die Hand des Schöpfers
43. Das Geschenk des Lebens

1. Der Schatz zwischen der Zeit

Schon in jungen Jahren, hörte Max die Geschichte über einen ganz besonderen Schatz. Dieser Schatz war so gut versteckt, dass ihn bisher nur sehr wenige gefunden hatten. Max wurde immer wieder die Geschichte von seinem Großvater erzählt, als er ihn mit seiner Mutter alle 14 Tage besuchte. Sein Großvater war ein wundervoller Geschichtenerzähler gewesen, der vor kurzem selbst zur Geschichte wurde. Vor 2 Jahren starb er friedlich im Schlaf und nahm die Geschichte mit hinüber, in eine andere Welt. Dabei wollte Max doch so gerne wissen wie die Geschichte ausging und er hatte sich sehr oft vorgenommen, dass nächste Mal genau nachzufragen. Nun blieb ihm nichts anderes übrig, als selbst nach dem Schatz zu forschen. Seine Suche begann bereits vor Monaten, als Max zuerst bei seiner Familie nachfragte, in der Hoffnung so eine befriedigende Antwort zu bekommen. Doch leider konnte ihm keiner die Antwort schenken, die er sich erhofft hatte. Alle sahen die Geschichte um den Schatz, der sich angeblich zwischen der Zeit befand, lediglich als Märchen an. Max gab nicht auf und bat immer wieder darum in den Gegenständen suchen zu dürfen, die seinem Großvater noch zuletzt gehörten. Irgendwann wurde es ihm endlich erlaubt und gleich das erste Buch, was er in seine Hände nahm, war das besagte Buch über den Schatz. Auf Max Gesicht machte sich ein großes Lächeln breit, als er es aufschlug und die Worte seines Großvaters zu lesen bekam. „Schön das du an mich geglaubt hast, lieber Max", stand gleich auf der ersten Seite. Max blätterte aufgeregt durch das Buch, um zu erfahren, wie dick es ist. So dick war es gar nicht. Wenigstens dünner als er es erwartet hätte. Er setzte sich bequem hin und begann zu lesen.

„Es war einmal ein großer Entdecker, der sich auf die Suche nach dem Schatz zwischen der Zeit machte. Auf seiner Suche durchquerte er mit seinem Schiff viele Meere und besuchte viele Inseln, doch er wurde nie fündig. Eines Tages traf er bei seiner Suche auf einen weisen Priester. Er fragte ihn nach dem Schatz und der Priester antwortete nur mit einem Grinsen. Der Priester schien genau zu wissen, um welchen Schatz es sich handelte. Er bat ihn, ihm zu folgen. So gingen sie gemeinsam zwei Stunden lang über den Strand, bis er ein wenig verärgert den Priester fragte, „wann sie endlich da seien?" Der Priester schmunzelte und beruhigte ihn damit, dass sie gleich ankommen würden. Sie gingen eine weitere Stunde, bis er erneut nachfragte. Mittlerweile war er schon richtig wütend, denn er zweifelte daran, dass der Priester überhaupt wusste, wovon er spricht. Nach ein paar Metern hielt der Priester an und sagte das sie da seien. Der Entdecker schaute sich erstaunt um. Es war nichts außer der Strand- und ein großer Stein, direkt vor ihnen zu sehen. „Setze dich bitte auf den Stein", sagte der Priester mit einem freundlichen Lächeln. Wut entbrannt und fluchend machte der Entdecker kehrt, und ging den Weg alleine zurück, auf dem sie beide gekommen waren. Der Priester schaute ihm ein wenig enttäuscht hinterher und setzte sich auf den Stein. Danach schaute er ohne weiter darüber nachzudenken auf das Meer – hier im JETZT. Nirgendwo anders ist der Schatz zwischen der Zeit zu finden, außer im JETZT – dem einen Augenblick, der uns bleibt. So schaute er noch eine Weile in die Ferne und nahm den Schatz in sich selbst- und um sich herum wahr."

Max dachte einen Moment lang nach. Erst jetzt wurde ihm klar, worauf sein Großvater immer hinauswollte. Der Schatz liegt nicht in der Zeit verborgen, sondern zwischen der Zeit – in dem einen Augenblick, in dem wir nur leben können – genau JETZT. Er lächelte zufrieden und legte das Buch beiseite. Es war ein schöner Tag und so sollte es JETZT immer sein.

2. Auf dem Grund der Wahrheit

Es lebte einst ein Funken Wahrheit, auf dem Grund der Wahrheit. Er war recht einsam dort unten, denn nur selten bekam er Besuch von anderen Wahrheiten. Der Funken wusste selbst nicht mehr, wie lange er schon dort unten in der Einsamkeit lebte. Es kam der Tag, an dem er etwas verändern wollte und so beschloss er aufzutauchen, um zu schauen, was sich an der Oberfläche befindet. So machte sich der Funken auf den langen Weg nach oben. Es wurde immer dunkler, umso weiter er nach oben vordrang. Auf dieser Ebene schien es so, dass es auf dem Grund der Wahrheit lichterfüllt hell ist und an der Oberfläche dagegen ziemlich dunkel wurde. An der Oberfläche, nahmen sich all die vielen Lügen gegenseitig selbst das Licht. Sie standen eng aneinander und da es unzählig viele waren, nahmen sie sich ständig gegenseitig das Licht. Der Funken Wahrheit fühlte sich plötzlich gar nicht mehr so wohl. Es schien ihm so, als sei er fast an der Oberfläche angekommen, doch ganz genau wusste er es auch nicht. Es war einfach viel zu dunkel um ihn herum. „Und was nun", dachte er sich? „Was mache ich hier eigentlich und warum überhaupt?", fügte er noch hinzu. Umso weiter er nach oben vordrang, umso lauter wurden die vielen Stimmen um ihn herum. All die Geschichten, die sie sich gegenseitig unaufhörlich erzählten, drangen leise an seine Ohren. Wie viel davon der Wahrheit entsprach, konnte und wollte er nicht beurteilen, doch was er zu hören bekam, war nicht gerade fröhlich. Es schien nicht mehr weit zu sein, dass fühlte er nun und tatsächlich war es auch so. Er spürte das er oben angekommen sein musste. Es war so eng und so unbeschreiblich laut. Aufmerksam hörte er all den vielen Stimmen zu. Die Stimmen schienen immer lauter zu werden und mittlerweile fühlte er sich von ihnen völlig bedrängt. Er versuchte einfach nicht mehr hinzuhören, doch auch dies schien immer schwerer zu werden. Plötzlich fragte er sich selbst, wer er eigentlich ist? Er wusste es plötzlich nicht mehr so genau und begann, an allem zu zweifeln. Mittlerweile wusste er nicht mehr, welche nun seine eigenen Gedanken waren und welche nicht. Er konnte seine innere Stimme nicht mehr von den vielen Stimmen um ihn herum trennen. Ehe er sich versah, redete er laut mit den anderen Stimmen, über alles mögliche. Derweil trafen unten auf dem Grund der Wahrheit ein paar neue Wahrheiten ein. Doch das würde ihn nun sicherlich nicht mehr interessieren, denn er hatte sich bereits in der Masse der Stimmen verloren.

3. Die Vergangenheit

Es war ein schöner, sonniger Morgen, an dem die Vergangenheit recht früh erwachte. Wie gewöhnlich machte sie sich schon bei dem ersten Gedanken über sich selbst, völlig fertig. Immer wieder holte sie sich das vor Augen, was sie erlebt hatte. Meistens dachte sie über die negativen Dinge nach, die sie erlebt hatte. Es waren auch schlimme Dinge, die sie erleben durfte. Die Sonne schien wohlig warm, genau auf das Bett, in dem die Vergangenheit noch immer lag. Unter solchen Umständen war es nicht immer so leicht, überhaupt aus dem Bett zu kommen. Die Vergangenheit schaute in den warmen Schein der Sonne und seufzte leise. Mühsam erhob sie sich, immer noch nachdenkend über das, was einst war. Im Badezimmer angekommen, schaute sie in den Spiegel und seufzte gleich noch einmal ganz tief. „Das ist also mein Leben", dachte sie sich. Nachdem sie sich im Bad ein wenig frisch gemacht hatte, schleppte sie sich in die Küche und machte die Kaffeemaschine an. Sie schaute in Gedanken vertieft dem Wasser zu, wie es langsam in die Kaffeekanne lief. „Alles ist so schwer", dachte sie sich und seufzte erneut. Plötzlich klingelte das Telefon. Ein wenig verwirrt schaute die Vergangenheit auf das Telefon und hob recht zögerlich ab. „Hallo, mein Freund – alles Gute zum Geburtstag. Hier ist dein alter Freund, die Zukunft". Die Vergangenheit dachte kurz nach. War es echt schon wieder soweit? Wie schnell doch die Zeit vergeht, dachte sie sich. „Hallo Zukunft. Ich danke dir", sagte die Vergangenheit. „Alles klar bei dir?", fragte die Zukunft nach. „Du kennst doch meine Geschichte", antwortete die Vergangenheit. „Stimmt! Warte doch erst einmal ab, bis dich die Zukunft erreicht hat", bekam die Vergangenheit noch zu hören, bevor die Zukunft sich freundlich verabschiedete und auflegte. Da saß die Vergangenheit nun wieder – bedrückt und voller Gedanken, über sich selbst. Es dauerte keine zehn Minuten, bis erneut das Telefon klingelte. Dieses Mal war die Gegenwart am Telefon. Sie wünschte der Vergangenheit auch alles Gute und fragte nach, wie es ihr geht. Erneut klagte die Vergangenheit über ihr Leben. Die Gegenwart verstummte kurz, bis sie folgendes antwortete: „Mein Freund, sich für die Vergangenheit selbst zu verurteilen, führt weder in eine glückliche Gegenwart, noch in eine angenehme Zukunft." Die Vergangenheit schüttelte nur den Kopf und legte nach einer kurzen Verabschiedung auf. „Das ist doch alles so sinnlos", sagte sie sich selbst und schlürfte tief seufzend an ihrem Kaffee.

4. Die Zeit rennt

Scheinbar gefangen im Zyklus der Zeit, fühlte sich Frank, als er von einem Termin zum anderen hetzte. Er hatte kaum Zeit in Ruhe durchzuatmen, zwischen all seinen reichlichen Terminen, die er täglich wahrnehmen musste. Manchmal freute er sich bereits am Anfang der Woche, auf das Wochenende, in der Hoffnung dort ein wenig Ruhe und Zeit für sich selbst zu finden. So vergingen die Jahre und mit ihnen verging ein Teil von Frank. Sein Beruf verlangte sehr viel von ihm, so dass er sich kaum die Zeit schenkte, über sich und sein Leben nachzudenken. Er zog einfach weiter, ohne großartig darüber nachzudenken. Immer weiter und weiter, in der Hoffnung, irgendwann einmal ein etwas ruhigeres Leben führen zu können. Nicht selten sagte er sich selbst, dass die Zeit schneller rennt, als er leben kann. Diese Woche fing so gewöhnlich wie immer- und somit sehr stressig an. Er war überaus müde, was er sich selbst allerdings sehr selten eingestehen wollte. Immerhin musste er als tragendes Element der Firma, immer voll auf der Höhe des Geschehens sein. Er setzte sich in seinen Bürostuhl und lehnte sich ein wenig zurück. Es würde nicht mehr lange dauern und der nächste Termin war fällig. Er schaute zur Kontrolle noch einmal auf die Uhr. Es war bereits 13:55 Uhr. Über seinem Kopf verschränkte er seine Arme und schloss für einen kurzen Augenblick seine Augen. Es dauerte keine zehn Sekunden und Frank versank in einem Traum. In seinem Traum befand er sich auf dem Mond und schaute von dort aus auf die Erde. Der Mond erschien ihm so ganz anders. Völlig anders, als er ihn kannte. Zumindest viel kleiner, denn ihm blieben geschätzte zehn Meter Standfläche in jede Richtung. Er stand auch ohne Raumanzug, einfach so, auf dem Mond und schaute in die Ferne. Kalt war ihm zudem auch nicht. Die Erde war der größte Planet, den er von hier aus sehen konnte. Um ihn herum, konnte er überall die Sterne funkeln sehen. Es war sehr still an diesem einsamen Ort. Er konnte nur sich selbst leise atmen hören. Sein Blick war weiterhin auf die Erde gerichtet, die sich langsam vor seinen Augen drehte. Sie drehte sich zwar langsam, doch immerhin schneller als gewöhnlich. Es erschien ihm so, als würden bestimmte Kontinente im Minutentakt die Jahreszeiten durchleben. Frank schaute und staunte. „Ganz schön verrückt, wie schnell die Zeit hier vergeht", dachte er sich. Welch eine Ironie, denn auch hier schien die Zeit für ihn zu rennen. Die Erde drehte sich weiter, die Sterne zogen an ihm vorbei und es kam ihm so vor, als würde er schon ewig an diesem Ort verweilen. Er schaute einfach weiterhin zu und fühlte sich als Beobachter der Dinge, irgendwann einfach nur noch zeitlos. Da stand er also und schaute zu, wie die Jahre ins Universum zogen. In ihm machte sich das wohlig warme Gefühl der Ewigkeit breit. Plötzlich riss ihn ein Geräusch aus seinem Traum. Es war das Telefon, welches nun aufdringlich nach ihm rief. Ein wenig verwirrt schaute er auf die Uhr. Keine zwei Minuten waren vergangen, seitdem er das letzte Mal auf sie geschaut hatte. Dabei kam es ihm in seinem Traum so vor, als sei er eine Ewigkeit dort gewesen. Mit einem Lächeln auf dem Gesicht hob er ab und meldete sich freundlich. Nach dem Gespräch musste er an diesem Tag, noch oft über seinen Traum nachdenken. Doch schon am nächsten Tag verlor er langsam wieder das Gefühl für die Ewigkeit.

5. Weitblick

„Du brauchst den gewissen Weitblick, liebe Daniela", hatte ihr Vater immer zu ihr gesagt. Doch nun war er nicht mehr hier. Er hatte sie einfach verlassen und das von jetzt auf gleich, ohne ihr jemals richtig dabei zu helfen, den benötigten Weitblick zu erlangen. Dabei hatte sie doch alles versucht, um ihrem verstorbenen Vater gerecht zu werden. Selbst jetzt machte sie sich noch Gedanken darüber, wie sie ihm gerecht werden könnte. Ihre Mutter hingegen, war schon immer ganz anders gewesen. Sie lebte stets für den Augenblick und regelte das, was nur jetzt geregelt werden konnte. Sie lebte stets im Hier und Jetzt, und schaute nicht soweit voraus. „Immerhin könnte dies bereits der letzte Augenblick sein, den ich auf Erden erleben darf", sagte sie oft. Ihre Mutter war mittlerweile wirklich sehr alt. Weitaus älter als ihr verstorbener Vater jemals wurde. Ihre Augen waren längst nicht mehr die Besten, doch auf ihre innere Stimme verlässt sie sich immer noch, so wie sie es schon immer gemacht hatte. So hatte sie sich ihr ganzes Leben immer selbst geholfen und hatte nicht selten ihren Mann zum staunen gebracht. Der plötzliche Tod, hatte ihre Mutter sehr getroffen. Ein Teil ihres Lebens brach plötzlich von heute auf Morgen, einfach weg. Ein großes Loch entstand, welches nie mehr gestopft werden könnte. Das wollte sie auch nicht, wenn man ihren Worten Glauben schenken mochte. Sie möchte einfach nur noch den Rest ihres Lebens in Frieden Leben, so wie früher und doch ganz anders. „Wo war nur Vaters Weitblick, bevor er krank wurde? Plötzlich war er weg. Ohne eine einzige Vorwarnung und ohne den nötigen Weitblick, um uns frühzeitig warnen zu können", dachte sich Daniela. Als sie zuletzt ihre Mutter noch einmal auf dieses Thema ansprach, sagte diese nur einen Satz zu ihr, der schlagartig ihr Leben veränderte. Plötzlich verstand sie, warum sie einiges nie gesehen hatte, was im Nachhinein so offensichtlich erschien. Ihre Mutter sagte zu ihr:„Umso weiter ich in die Ferne blicke, umso weniger sehe ich, was unmittelbar vor mir liegt."

6. Die Fesseln der Vertrautheit

Mike war nur noch auf eins aus – auf seine Freiheit. Er kämpfte sich durch sein Leben, um irgendwann einmal frei sein zu können. Zumindest stellte er es sich so vor. Er war überaus fleißig, fehlte so gut wie nie und machte sehr viele Überstunden. Es kam die Zeit in der er spürte, dass er mehr von sich gab, als das er zurück bekam. Er fühlte sich irgendwann nur noch ausgebrannt, völlig verbraucht und kraftlos. Doch es gab immer noch ein Ziel, welches erreicht werden wollte - seine Freiheit. Sein Ziel war es, über die Zeit viel Geld anzuhäufen, um sich irgendwann die Freiheit regelrecht kaufen zu können. So ging es Tag ein, Tag aus. Jahr für Jahr, bis endlich der ersehnte Tag kam, an dem Mike beschloss für eine Weile auszusteigen, um seine ersehnte Freiheit (er)leben zu können. Für diesen Schritt brauchte er schon ein wenig Mut, denn es war für ihn schon ungewohnt, einfach mal nichts zu tun. Nichts, außer zu leben. Nichts, außer sich selbst zu erleben. Er kündigte fristgerecht und der letzte Tag näherte sich schon bald. Seine Kollegen waren alle recht erstaunt über diesen Schritt, doch Mike konnte es sich erlauben, da er alleine lebte und von nichts abhängig war. Der letzte Arbeitstag war für ihn ein ganz besonderer Tag. Voller

Freude verabschiedete er sich am Nachmittag von seinen Kollegen und machte sich auf den Heimweg. Es war ein Mittwoch und morgen würde er erst einmal richtig lange schlafen, dachte er sich. Am nächsten Tag erwachte er fast um die gleiche Zeit, wie sonst auch, wenn er sich bereit zur Arbeit machte. „Das muss wohl die Gewohnheit sein", dachte er sich. Er machte sich in aller Ruhe einen Kaffee. Da saß er nun und hatte alle Freiheit der Welt, seinen Tag selbst zu gestalten. Der erste Tag in seiner neuen Freiheit verlief recht ruhig. Mittags fuhr er in die Stadt, um endlich in Ruhe die Dinge erledigen zu können, die er sonst arbeitsbedingt nicht machen konnte. Am Nachmittag fuhr er an den nahegelegenen See. Auf einer Holzbank genoss er voller Freude den Sonnenschein. Es war so gemütlich, dass er beinahe eingeschlafen wäre. Etwas müde machte er sich nach einer Stunde auf den Heimweg. Mittlerweile war es kurz vor 19 Uhr und er bekam etwas Hunger. Nachdem er gemütlich gegessen hatte setzte er sich ein wenig vor den Fernseher, um die aktuelle Lage der Welt zu betrachten. Nach den Nachrichten schaute er irgendeinen Film, den ihn interessierte und über den er etwa in der Mitte einschlief. Um einiges später, mitten in der Nacht, schleppte er sich ins Badezimmer und nach dem Zähneputzen ging er gleich ins Bett. Als er im

Bett lag, musste er breit grinsen. „So fühlt sich also meine Freiheit an?", fragte er sich selbst, bevor er voll zufrieden einschlief. Tag für Tag genoss Mike seine neue Freiheit, bis sich langsam, dennoch gut fühlbar, ein unangenehmes Gefühl in ihm bemerkbar machte. Zu diesem Zeitpunkt wusste er es gar nicht einzuordnen. „Was ist das nur für ein komisches Gefühl?", fragte er sich selbst. Egal was er auch machte, dieses Gefühl in ihm wuchs mit jedem Tag. „Jetzt habe ich meine Freiheit und dennoch wächst ein ungutes Gefühl in mir?", fragte er sich selbst ein wenig erstaunt. Die Zeit verging und mit ihr wuchs dieses Gefühl in ihm. Mike wusste nicht mehr was er machen sollte. Er lief nur noch wie gejagt durch seine eigene Wohnung, in der Hoffnung bald eine Antwort auf sein Gefühl zu finden. Was Mike bislang nicht sehen konnte, waren die Fesseln seiner Gewohnheit, die sich langsam aber sicher, immer weiter um das ungute Gefühl spannten. Er hat so lange in Stress gelebt, dass dieser Stress ihm nun anscheinend fehlte. Die Leere in ihm und um ihn herum, bedrohte ihn nun, denn nun nahm er sich viel deutlicher wahr als zuvor. Seine Arbeit hatte ihn immer von dem wesentlichen abgelenkt – ihm selbst. Seine Arbeit hatte ihn immer müde und ein wenig träge gemacht, und somit auch seine Gedanken. Zudem hatte er zuvor immer ein

Ziel, welches ihm Hoffnung schenkte – seine Freiheit. Das alles war nun einfach nicht mehr da. Sein sehnlichster Wunsch wurde erfüllt und man sollte meinen, dass dies Mike für immer glücklich machen sollte. Das hatte es auch eine Zeit lang, doch nun war das Gefühl der Glückseligkeit einfach gegangen. Somit rannte Mike noch eine ganze Weile durch die Gegend, nicht verstehend was ihm eigentlich fehlte, weil er immer noch im Außen nach Lösungen suchte. Bis er eines Tages durch einen „Zufall" auf ein sinnvolles Buch stieß, welches ihn näher zu ihm selbst führte und ihm mit jedem Tag ein wenig mehr Frieden schenkte. Nun war er auf dem Weg, der in die wahre Freiheit führt. Die Freiheit, die nur in einem selbst zu finden ist und unabhängig von Situation existiert – die innere Freiheit.

7. In der dunkelsten Stunde

Es lebten einst Glühwürmchen, in einem schönen und überaus sonnigen Wald. Sie alle waren sehr gute Freunde und überaus froh sich gefunden zu haben. So feierten sie jeden Tag aufs Neue, als wäre es ihr letzter Tag. In diesem Sommer trafen sie sich vor einiger Zeit das erste Mal. Viele warme Tage hatten sie voller Freude zusammen verbracht. Der Sommer würde sich bald wieder verabschieden und mit dem Winter würde die Zeit gekommen sein, sich zu verabschieden. Jeder Einzelne von ihnen wusste es, doch es machte ihnen scheinbar nichts aus. Sie feierten weiterhin jeden Tag so, als wäre es ihr letzter Tag in ihrem Leben. Eines Tages fand ein kleines Mädchen in ihren Waldabschnitt, welches gegen Abend die Glühwürmchen voller Begeisterung beobachtete. Die Glühwürmchen tanzten unbeirrt weiter um sich selbst herum und schenkten dem Kind keine große Beachtung. Um das Geschehen noch ein wenig besser beobachten zu können, näherte sich das Mädchen vorsichtig. Als sie unmittelbar unter dem tanzenden Schwarm von Glühwürmchen stand, schaute sie ein wenig fragend nach oben. „Was macht ihr da?", fragte sie neugierig. Die Glühwürmchen schauten nun alle auf das kleine Mädchen. Sie tanzten weiter, wenn auch etwas langsamer. Eines der Glühwürmchen antwortete: „Wir freuen uns und tanzen..." „Weswegen freut ihr euch denn?", fragte sie nach. „Wir freuen uns über unser Leben. Oder anders gesagt, weil wir leben dürfen", sagte eins der Glühwürmchen. „Wir leben doch alle", sagte das Mädchen ein wenig verunsichert. „Ja, es leben die, die das Geschenk des Lebens erhalten haben. So selbstverständlich ist das gar nicht", sagte ein anderes Glühwürmchen. Das Mädchen dachte über die Worte nach und nickte. Derweil nahmen die Glühwürmchen wieder etwas mehr Schwung auf. Sie tanzten spiralförmig in der Luft und zogen sich in der Mitte, wie eine Säule weiter nach oben. Nachdem sie oben ankamen verteilten sie sich und schlossen sich weiter unten, ganz außen, den anderen Glühwürmchen wieder erneut an. Das Mädchen beobachtete die Glühwürmchen ganz genau und lächelte. „Was machst du eigentlich um diese Uhrzeit ganz alleine im Wald?", fragte ein Glühwürmchen. Das Mädchen schaute auf den Boden und wühlte etwas Dreck mit ihrem rechten Fuß auf. Danach schaute es wieder auf den hell tanzenden Strudel der Glühwürmchen. „Ich habe mich verlaufen", sagte sie ein wenig traurig. Der Strudel der tanzenden Glühwürmchen wurde langsamer und zog sich weiter auseinander, bis sie vier Reihen übereinander bildeten. Diese vier

Reihen zogen sich leicht kreisförmig um das Mädchen herum, so als würden sie eine schützende Hand um sie legen wollen. Dem kleinen Mädchen gebührte nun die volle Aufmerksamkeit aller Glühwürmchen. „Können wir dir helfen, mein liebes Kind?", fragte ein Glühwürmchen. „Ich habe schon so lange gesucht, doch ich finde meine Eltern einfach nicht mehr, die auf einer Wiese am Waldrand ein Picknick mit mir machten", antwortete das Mädchen. „Kein Problem, ein Teil von uns wird ausschwärmen und nach ihnen suchen", sagte ein besonders großes Glühwürmchen, mit einem Lächeln auf dem Gesicht. Gleich nachdem dies ausgesprochen wurde, machten sich bis auf ein paar Glühwürmchen, alle auf den Weg. Sie flogen hell erleuchtet in alle Richtungen des Waldes. Diejenigen die noch bei dem Mädchen geblieben waren, spendeten ihr weiterhin Licht und Trost. Es dauerte keine fünf Minuten, bis die ersten Glühwürmchen von ihrer Suche zurück kamen. Sie hatten Glück gehabt und die Eltern tatsächlich gefunden. „Wir haben sie gefunden. Sie suchen nach dir", sagte ein Glühwürmchen voller Freude. Als der Rest von ihnen eintrudelte, bildeten sie eine leuchtende Straße in die Richtung der suchenden Eltern. Das Mädchen konnte so problemlos erkennen, wo es lang ging. Nach zehn

Minuten Führung quer durch den dunklen Wald, konnte das Mädchen bereits das Rufen ihrer Eltern hören. „Du bist gleich da", sagte ein Glühwürmchen. „Es wird Zeit sich zu verabschieden", fügte es noch hinzu. „Ihr seid so lieb. Habt vielen Dank", antwortete das Mädchen. „Wir wünschen dir ein schönes und erfülltes Leben", sagte eins der vielen Glühwürmchen zum Abschied und die restlichen glühenden Freunde nickten zur Bestätigung. Einen Augenblick später strömten die Glühwürmchen in alle Richtungen aus, um sich später wieder an ihrem gewohnten Ort zu treffen. Das Mädchen rannte auf ihre Eltern zu und ihr Vater öffnete seine Arme, um es zu empfangen. „Gott sei Dank, da bist du ja", sagte ihre Mutter. An diesem Abend tanzte das Mädchen sehr lange vor Freude, mit ihren Eltern. Im Wald tanzten währenddessen die Glühwürmchen einen ihrer letzten Tänze. Schon bald würde der Winter kommen und sie an einen anderen Ort führen – an einen Ort, an dem sich alle erneut treffen werden.

8. Am Ende

Es war schon recht ungewöhnlich, denn plötzlich war da etwas. Ja, von jetzt auf gleich war er am Leben. Wie aus dem Nichts, gleich nach der scheinbaren Unendlichkeit. Auf einen Schlag breitete sich sein Leben in alle Richtungen aus. Aus kleinen Dingen formten sich größere. Aus den größeren Dingen, völlig Andere. Er nahm sich selbst als das Leben wahr, dass sich nun unsagbar schnell und in alle Richtungen ausbreitete. An manchen Orten stoß es sich ab, um sich an anderer Stelle wieder erneut anzuziehen, um somit etwas völlig Neues zu formen. Somit erkannte er, wie in ihm etwas wuchs, was ihn auch zugleich als Ganzes ausmachte. In ihm wurde unzählig viel Leben geboren, nur um dann wieder zu sterben. Doch es erschien ihm nur so, als würde neues Leben entstehen, denn in Wirklichkeit lebte immer alles. Es änderte nur ständig seine Form, in das Nächstbeste, Größere und Nützlichere. Er wusste nicht genau was das alles sollte. Es war ihm auch nicht wichtig alles zu verstehen. Das was er wissen musste, hatte er längst begriffen. Er lebte und so konnte er sich in Millionen von Formen, die in ihm lebten, selbst wahrnehmen. Es erschien ihm fast so, als würde es viele Formen außerhalb von ihm geben, doch in Wahrheit war alles eine große Lebensform – er selbst. In ihm, durch ihn, wegen ihm. Er wusste auch sogleich, dass am Ende selbst Gott in dieser Form sterben würde. Irgendwann, wenn die Energie nicht mehr reicht, um diese Form aufrecht zu erhalten, oder neue Formen zu bilden. Bis dahin reichte es ihm völlig aus, sich selbst in all den unzähligen Formen zu erfahren.

9. Die Ausgrabung

Diese kleine und ungewöhnliche Geschichte, erzählt über einen Regenwurm, Namens Mathilde. Mittlerweile ist sie im mittleren Alter, doch sie fühlt sich immer noch wie neu geboren. An diesem Tag regnete es wieder ein wenig, was sie sehr erfreute. Immerhin konnte sie sich so viel leichter durch die Erde graben. Der Sommer würde sich bald wieder verabschieden und es würden härtere Tage auf sie zukommen. Bis dahin genoss sie einfach das schöne Leben. Ab und zu grub sie sich kurz durch die obere Bodendecke, um für einen Moment die Sonne in ihrer ganzen Pracht zu bestaunen. Sie liebte es einfach, im wohlig warmem Boden zu wühlen. An diesem Tag hörte sich der Regen ein wenig anders an, so wie er unaufhörlich auf den Boden trommelte. Zumindest nahm sie es so wahr. Zur Zeit wühlte sie sich durch eine große Wiese, in einer weniger bewohnten Gegend. „Ja, das Trommeln auf den Rasen hörte sich schon ein wenig anders an", dachte sie sich. Als sie ihrer Neugierde nicht mehr widerstehen konnte, grub sie sich langsam nach oben. Sie wollte einfach schauen, was heute so anders ist. Als Mathilde an der Oberfläche durch den Bodens schaute, sah sie einen völlig nassen Dackel, der wie ein Wilder mit seinen Pfoten im Boden buddelte. Erst als der Dackel bemerkte, dass er beobachtet wurde, hielt er inne. Plötzlich schauten sich beide völlig regungslos an. Der Regen viel weiterhin den langen Weg von oben herab. Ein dicker Regentropfen traf genau auf den Kopf des Dackels, so das er kurz zusammenzuckte. „Suchst du etwas bestimmtes?", fragte Mathilde. „Ich glaube mich daran erinnern zu können, dass ich genau hier einmal einen Knochen vergraben habe", antwortete er. „Und dann suchst du ausgerechnet bei solch einem Wetter nach ihm?", fragte sie erstaunt. „Ja, eben! Würde die Sonne scheinen, dann würde mich doch mein Mensch davon abhalten", antwortete er. „Ah, verstehe. Kann ich dir vielleicht behilflich sein?", fragte sie ihn. „Danke, das ist nicht nötig", antwortete er. Der Dackel machte sich sogleich wieder an die Arbeit und buddelte weiter. Mathilde zog sich langsam zurück. Sie grub sich wieder durch den Boden, bis sie auf eine harte Wand stoß. Als sie sich langsam an der Wand entlang grub, wusste sie um was es sich dabei handelte. Es musste sich um den Knochen handeln, den der Dackel vergeblich suchte. Dort wo er buddelte, konnte er noch lange suchen, denn der Knochen befand sich an einer völlig anderen Stelle. Mathilde wollte den Fund nicht vorenthalten und grub sich erneut hoch bis an die Oberfläche. „Hallo mein Freund, rate mal was ich gefunden habe", rief sie dem Dackel zu. „Jetzt sag bloß!? Ich dachte echt, dass ich ihn hier vergraben hatte", sagte der Dackel ein wenig verwundert. „Da wir das nun geklärt haben, kannst du mir ja verraten, warum du den Knochen eigentlich so verzweifelt suchst?", fragte sie. „Ist das nicht klar? Damit ich ihn später wieder woanders vergraben kann", antwortete er. Mathilde erkannte zwar nicht den Sinn darin, doch etwas dazu sagen, wollte sie auch nicht. So ist eben jedes Leben ein wenig anders. Die Einen buddeln Knochen aus, um sie später wieder zu vergraben. Die Anderen graben sich durch den Boden, um irgendwo anzukommen. So ist eben das Leben – sehr vielfältig und doch so einzigartig.

10. Weiter als man denkt

„Manchmal ist das Ziel weiter entfernt, als man denkt. Manchmal eben genau deswegen – weil man so darüber denkt", dachte sich Fred, als er seine Situation betrachtete. Meistens liegt das Glück bereits direkt vor einem. Wo sollte es auch anders zu finden sein, als genau hier, vor einem selbst. Fred hatte auf seine Zukunft gehofft, doch aus der Hoffnung, wurde schnell tiefer Frust. Es lief eben nicht so, wie geplant. „Wer zu viel denkt, verpasst nicht selten das, was ist und das, was sein möchte", sagte er zu sich selbst. Er hatte lange an der Idee festgehalten, durch seine Selbstständigkeit reich und berühmt zu werden. Seit Jahrzehnten entwickelte er Software für andere Firmen, doch vor zwei Jahren wagte er es, sich selbstständig zu machen. Zu Beginn sah noch alles sehr vielversprechend aus. Er bekam die ersehnte Anerkennung und Aufmerksamkeit, und die Auftragslage war sehr vielversprechend. Mit der Zeit jedoch führte selbst dieser neue Weg zu Nichts. Es lief einfach nicht mehr so, wie noch zu Beginn. Irgendwann kam der Tag, an dem sich Fred ziemlich alleine vorkam. „Ich habe dann wohl zu verbissen, nur in eine einzige Richtung geschaut", musste er sich selbst eingestehen. So kann es einem ergehen, wenn zu verbissen, nur in eine Richtung geschaut wird und all die anderen Möglichkeiten, die sich ständig um einen herum zeigen, einfach ignoriert. Das wusste er nun. Er hatte in letzter Zeit viel lernen dürfen und das Meiste dadurch, dass er sich nun selbst all dies zugestehen konnte. Die wichtigste Frage blieb für ihn allerdings weiterhin ungeklärt. „Wie soll es nun weitergehen?" Dies war momentan seine wichtigste Frage. Er stellte sie sich immer wieder, bis er erkannte, dass selbst diese Frage eine gewisse Verbissenheit in sich trug. „Wie soll ich eine Lösung finden, wenn ich immer nur auf den gleichen Lösungsweg schaue?", fragte er sich selbst. „Wie kann ich ein Problem lösen, welches durch die gleiche Denkweise entstand?", fügte er noch hinzu. Was er auch versuchte, es würde ihn vermutlich wieder in die gleiche Richtung führen. Das wurde ihm nun sehr bewusst. Alles was ihm blieb, war sich noch weiter von seiner Situation zu lösen und einfach im Vertrauen loszulassen. Es kam zu Beginn einem inneren Kampf gleich, den Fred durchlebte. Immer wieder erinnerte er sich selbst daran, die Dinge anders anzufassen. Nach einiger Zeit und Training, gelang es ihm sich von seinem alten Problem zu lösen und wie aus heiterem Himmel, eröffnete sich etwas völlig Neues für ihn. Es kam ihm fast so vor, als hätten ihn die Engel erhört und das Gott ihm nun eine neue Chance schenkte. Alles geschah wie aus heiterem Himmel, nachdem er den Weg für die Hilfe von einer anderen Ebene frei machte. Letztendlich gelang es Fred doch noch, wenn auch etwas anders als gedacht, seinen Erfolg zu erzielen. Sein Geschäft, welches er nun mit einem neuem Partner führt, läuft weitaus besser als jemals erhofft. Er hatte an einem wichtigen Punkt in seinem Leben, einfach losgelassen. Er hatte den benötigten Raum gelassen, damit sich Neues zeigen kann und wurde für dieses Vertrauen reichlich belohnt. Diese Geschichte erzählt er auch heute noch gerne seinen Freunden, oder Menschen die er auf seinem Weg trifft und er muss immer schmunzeln, wenn der Eine oder Andere dabei etwas skeptisch schaut. Doch nun weiß er genau, dass er auf eine höhere Kraft bauen kann, wenn es wieder einmal nicht so läuft, wie ursprünglich geplant.

11. Von Menschen und Tieren

Es gibt einige Menschen, die ein wenig anders sind, weil ihr Denken anders verläuft. Sie sind nicht so wie die Mehrheit der Menschen, die den Medien folgen und sofort alles glauben, was dort als Wahrheit verkündet wird. So ein Mensch ist auch Markus. Genau genommen Dr. Markus, der sich in einer freien Minute wieder einmal Gedanken über die Menschen und die Tiere machte. Viele seiner Kollegen hielten ihn eher für einen abgehobenen Esoteriker, weil er gerne eine Denkweise an den Tag legte, mit der nicht jeder seiner Kollegen zurecht kam. Es war eben eine besondere Art, die Dr. Markus an den Tag legte. Dabei war genau genommen, gar nichts besonderes an dem, was er sagte. Für ihn war es so, als würde er nur das sagen, was er jenseits des angeblich Wahren sieht. Wieder einmal arbeitete er an einem Text, den er zukünftig auf einer Veranstaltung vorlesen würde. Er nahm sich seinen Vortag zur Hand und ging ihn noch einmal in Ruhe durch. „Sehr geehrte Damen und Herren, ich begrüße Sie auf dem diesjährigen Kongress. Wie immer liegt es mir sehr am Herzen, Ihnen meine ganz persönlichen Gedanken zu offenbaren, in der Hoffnung das Sie mir zumindest teilweise zustimmen können. Wir nähern uns einem kritischen Punkt, an dem wir Menschen mehr zerstören, als dass wir erhalten könnten. Mit erhalten meine ich im Grunde, der Erde die Zeit zu geben, sich zu erholen. Wir fordern das universelle Gleichgewicht heraus, indem wir die Erde in solch einem hohen Tempo regelrecht ausschlachten und dabei vernichten. Die Tiere sind nicht so verrückt wie wir Menschen, die alles dafür in Kauf nehmen (selbst die Zerstörung der Erde), nur um den größtmöglichen Profit dabei zu erlangen – in der Hoffnung, sich so im tiefsten Inneren endlich komplett fühlen zu können. Der Mensch häuft sich in der Regel soviel an Materiellen Dingen wie möglich an, damit er sich komplett und sicher fühlt. Das Verrückte daran ist, dass dies auf tiefster Ebene nicht gelingen wird. Erfüllung kommt nicht von Außen und wer das immer noch glaubt, wird bald feststellen, dass immer noch etwas fehlen wird. Dabei spielt es keine Rolle, wie viel Reichtum bereits angehäuft wurde. Selbst dann, wenn bereits alles Ersehnte vorhanden ist und sich auf Wunsch alles gekauft werden kann. Dieses Schicksal durchlebten schon viele Berühmtheiten, die plötzlich alles hatten und immer noch ihre innere Leere fühlten. Dieser Schmerz wächst unaufhaltsam, wenn die Erfüllung von Außen in Betracht gezogen wird. So bleibt Jenen, die sich nicht anders zu helfen wissen, meistens nur der Weg sich selbst zu betäuben, indem sie Drogen, oder Alkohol zu sich nehmen. Der Schmerz bleibt dennoch, auch wenn er unter dem wohlig warmen Vorhang der Betäubung im Verborgenen liegt. Wie lange ist hierbei die entscheidende Frage?! Der Vorhangstoff wird mit der Zeit dünner werden und die Wahrheit wird sich früher oder später wieder verstärkt zeigen. Sie fragen sich sicherlich was wir tun können. Als erstes wäre es sinnvoll zu verstehen, dass es tatsächlich so ist. Der Mensch versucht sich durch den Konsum, durch das Zufügen von „mehr", zu vervollständigen – in der Hoffnung, so endlich erfüllt zu sein. Es bleibt uns nichts weiter übrig, als einen Schritt zurück zu tun. Mit diesem Schritt meine ich keinen Schritt in Sachen Technologie, sondern vielmehr den Schritt nach Innen. Wir Menschen haben uns scheinbar immer mehr in den Dingen der Welt verloren. Der Weg der persönlichen-, wie auch der globalen Heilung, führt zurück zu uns selbst, denn alles was wir im Außen sehen, entstand zuerst in Gedankenform in uns selbst. Es liegt also an uns, meine Damen und Herren. In diesem Sinne wünsche ich Ihnen noch einen wundervollen Abend und alles Gute auf ihrem Weg."

12. Rückgabe

Die kleine Ingrid wusste schon sehr früh den Lauf der Dinge einzuschätzen. Sie beobachtete die Menschen um sich herum stets ganz genau. Ganz besonders ihre Eltern, die ihr viel erzählten. Darüber was sie zu tun hat und auch darüber, was sie seinlassen sollte. Ingrid legte allerdings mehr Wert darauf zu schauen, wie ihre Eltern handelten, anstatt auf ihre Worte zu hören, denn ihre Worte widersprachen nicht selten ihren Taten. Zu Beginn verwirrte sie das sehr. Sie wusste schon gar nicht mehr was richtig und falsch war, bis sie erkannte das die Erwachsenen manchmal Sachen sagen, die sie anscheinend gar nicht so meinen. Ihre Mutter hatte sich wieder einmal darüber aufgeregt, dass sie sehr oft vergisst das zurück zu geben, was sie sich zuvor geliehen hatte. Immer wieder wurde Ingrids Mutter von anderen Eltern darauf angesprochen. Es war ihr schon sehr peinlich und wenn jemand auf sie zukam, dann dachte sie sofort an dieses Thema. „Das darf ruhig aufhören", hatte sie zuletzt wieder zu der kleinen Ingrid gesagt. Als Ingrid heute die Küche betrat, fragte ihre Mutter sofort, ob sie auch die ausgeliehene CD schon zurückgegeben hat. „Eine Rückgabe ist sehr wichtig für das Vertrauen", sagte ihre Mutter. Irgendetwas schien in der kleinen Ingrid angesprochen worden zu sein. Das Wort „Rückgabe" hatte sie schlagartig an einen Traum erinnert, den sie zuletzt hatte. Sie nickte ihrer Mutter zu und setzte sich an den Küchentisch, um etwas zu essen. Dabei versank sie völlig in ihren Gedanken, die sich alleine um ihren Traum drehten. In diesem Traum kam sie sich vor, als würde sie durch das Universum schweben. Sie konnte unzählige Sterne vor sich sehen und sogar die warm glühende Sonne war in der Ferne auszumachen. Nur mit schwimmartigen Bewegungen gelang es ihr, sich zu bewegen. So ruderte sie sich langsam, Stück für Stück durch das unsagbar große Universum. Was sie hier genau machte und warum sie hier war, wusste sie auch nicht. Plötzlich ertönte eine Stimme aus dem Nichts. Sie war laut und doch sehr sanft. Es kam ihr so vor als würde das ganze Universum auf einmal mit ihr reden. „Ich grüße dich, kleiner Engel", sagte die sanfte Stimme. „Hallo...", gab sie kurz und bündig zur Antwort. „Schön das du zu mir gekommen bist", sagte die Stimme. „Wer, wer bist du?", fragte sie ein wenig ängstlich. „Ich bin das, woraus alles ist. Ich bin das, was als einziges existiert und aus dem alles entspringt. Manche nennen mich auch Gott", antwortet die Stimme. „Gott? Du siehst aber gar nicht aus wie der Gott, den ich kenne", sagte die kleine Ingrid.

Es ertönte ein leises Lachen. „Es gibt viele Dinge, die anders sind, als ihr Menschen denkt", antwortete Gott. Ingrid schwieg. Sie verstand nicht, was das alles sollte. „Du fragst dich bestimmt was das alles soll, meine Kleine?", fragte die Stimme. Ingrid nickte kurz und bewegte ihre Arme so, als wollte sie im Kreis schwimmen. „Es geht nichts verloren, kleiner Engel. Alles das was ihr nehmt, gebt ihr auf andere Weise zurück. Meistens ist dies euch gar nicht bewusst, weil ihr glaubt das alles auf der gleichen Ebene ausgetauscht wird. Doch das ist nicht so, denn alles befindet sich im Gleichgewicht. Auch euer Handeln bleibt davon nicht unberührt. Was ihr bekommt, werdet ihr wieder geben und wenn es nur in einer anderen Form ist. Vielleicht sogar nur auf der energetischen Ebene." Ingrids Augen waren so weit geöffnet, wie es ging. Sie verstand in diesem Moment nur sehr wenig. „Ich verstehe nicht genau was du meinst?", sagte sie. „Doch, dass wirst du", antwortete Gott. Gleich nach diesen Worten erwachte sie. Nach dieser Erinnerung an ihren Traum, war sie ein wenig verwirrt, was auch ihre Mutter bemerkt hatte. „Was ist los, mein Engel", fragte ihre Mutter. Ingrid schaute ihre Mutter mit großen Augen an. „Sie hat mich Engel genannt", dachte sie sich. In der Tat nannte sie Ingrid eher selten einen Engel.

Die kleine Ingrid fing an zu lächeln und antwortete nur, dass das Essen an diesem Tag ganz besonders gut schmeckt. Irgendwann würde sie verstehen was Gott ihr in ihrem Traum sagte. Bis dahin würde vielleicht noch ein wenig Zeit vergehen. Zeit, die ihr nun ein wenig anders erschien. Zumindest an diesem schönen Tag.

13. Das Zimmer

Viele Menschen bezahlen eine menge Geld für ein schönes Zimmer, doch Bernd würde sein Zimmer am liebsten für immer verlassen. „Was spricht dagegen?", höre ich Sie fragen. Vielleicht spricht das dagegen, was nicht so scheint, wie es ist. „Wie bitte?", höre ich Sie fragen. Ja, Bernd sitzt gefangen in seinem eigenen Zimmer. In einem Zimmer nur in seinem Kopf – auf einer tiefen Ebene, selbst erschaffen. Er hat sich zuletzt sogar seine Türen und sämtliche Fenster selbst ausgebaut. „Warum sollte er das tun?", höre ich Sie fragen. Das weiß nur Bernd und er glaubt weiterhin, dass es so sein müsste, und ist zugleich davon überzeugt, dass er es anders möchte. Er denkt das er eingesperrt wurde, doch in Wahrheit sperrte er sich selbst ein. Bernd hält sich persönlich für den größten Pechvogel der Welt. Alles was er anfasst, geht einfach daneben. Er selbst meint, dass das Glück nicht auf seiner Seite ist. Wenn Bernd nur wüsste, dass er all dies selbst erschaffen hat, indem er fest daran glaubt, dass alles wahr ist, was er denkt. Ja, er ist so sehr davon überzeugt ein Pechvogel zu sein, dass er stets selbst dafür sorgt, weiterhin einer zu bleiben. Nicht das dies Bernd bewusst wäre. Nein, er sorgt eher unbewusst dafür und alleine seine Einstellung sorgt schon dafür, dass passende von Außen für seine Bestätigung anzuziehen. Natürlich hat Bernd schon Menschen in seinem Leben getroffen, die auch genau diesen Vorgang ihm gegenüber äußerten. Doch er ist so sehr mit seiner Geschichte identifiziert, dass er diesen Worten keinen Glauben schenken kann. Vielleicht möchte er es auch nicht? Wie es scheint, gefällt es Bernd sehr gut in seinem kleinen Zimmer, obwohl er ja das Gegenteil behauptet. Ja, es scheint so als würde er gerne die Rolle des Verlierer übernehmen, denn sonst würde er etwas an seinem Leben ändern. Also lassen wir Bernd in seinem Zimmer sitzen und hoffen, dass er eines Tages von ganz alleine umziehen möchte. In eine schöne große Wohnung, in der mehr Raum vorhanden ist, als nur für eine starre Meinung über sich selbst.

14. Nur Gedanken brauchen die Zeit

Es war einmal ein universeller Gedanke, der suchend durch das Universum zog. Er war auf der Suche nach einem passenden Wirt, in den er schlüpfen konnte. Er wollte einfach gedacht werden, damit er sich selbst in seiner Tiefe besser erkennen konnte. Mittlerweile wusste er selbst nicht mehr, wie lange er schon unterwegs war. Das Einzige woran er sich noch erinnern konnte, war das er sich selbst erfahren wollte. Er wusste das er existierte, doch wer er in seiner Tiefe war, wusste er einfach nicht. Auf seiner Suche durchkreuzte er unzählige Galaxien. An ihm zogen sehr große und auch kleinere Planeten und Sterne vorbei. Bisher hatte er noch kein Glück gehabt, den passenden Wirt zu finden, doch er gab die Hoffnung einfach nicht auf. Vor ihm lag die Milchstraße, auf die er voller Freude zusteuerte. Nachdem er die wundervoll anzuschauende Milchstraße hinter sich gelassen hatte, konnte er in der Ferne schon die Sonne strahlen sehen. Wie durch einen kleinen Stromschlag, zuckte der Gedanke plötzlich zusammen, als er die Erde in der Ferne sah. „Das muss der richtige Ort sein, um sich niederlassen zu können", dachte er sich. Es dauerte nicht mehr lange und er erreichte die wunderschöne Erde. Währenddessen saß Lisa mit ihrer Mutter zu Mittag am Tisch. Einmal im Monat traf sie sich mit ihrer Mutter, um über all das zu reden, was in den letzten Wochen geschehen war. Ihr Vater war letztes Jahr plötzlich verstorben und ihre Mutter freute sich nun um so mehr, über ihren monatlichen Besuch. Ihre Mutter war in der letzten Zeit sehr oft alleine gewesen und ihr fehlte ihr Mann sehr. Früher hatte sie mit ihrem Mann jeden Sonntag etwas besonderes unternommen. Meistens hatte er bereits vorher geschaut, wohin sie zusammen fahren konnten. Er hatte immer ganz besondere Orte ausgewählt, mit denen er sie jede Woche aus Neue überraschte. Das alles war nun vorbei und diese herzerfüllenden Unternehmungen fehlten ihr sehr. Lisas Mutter schaute ein wenig traurig, als sie noch einmal über ihren Verlust nachdachte. „Ist alles in Ordnung?", fragte Lisa. „Ich musste gerade an deinen Vater denken", antwortete sie leise. „Das dachte ich mir schon", sagte Lisa. „Wollen wir später eine Runde spazieren gehen?", fragte sie ihre Mutter. Lisas Mutter lächelte und sagte nickend zu. Nachdem sie gemütlich gegessen hatten, machten sie sich gleich auf den Weg. Mittlerweile war es schon wieder März. Obwohl die Sonne schien, war es immer noch recht kühl. Zusammen machten sie sich auf den Weg zu einem schönen See, der gleich in ihrer

45

Nähe war. Dort hatte Lisa jeden Sommer mit ihren Freunden gebadet, als sie noch bei ihren Eltern gewohnt hatte. Die Erinnerungen erreichten sie wieder, als sie den in der Sonne glänzenden See sah. So schön strahlend und friedlich lag er vor ihnen. Ihre Mutter hatte mitbekommen, dass Lisa in Gedanken vertieft war. „Denkst du an Früher?", fragte sie ihre Tochter. „Ja, es war früher immer sehr schön hier mit meinen Freunden zu baden", antwortete sie. „Hast du eigentlich noch Kontakt zu deinen früheren Freunden?", fragte ihre Mutter. „Ich treffe mich nur noch mit Petra und das auch nur sehr selten. Der Rest ist irgendwie verloren gegangen", sagte Lisa. „Das ist der Lauf der Dinge. Plötzlich sind alle so beschäftigt mit ihrem Leben und ihren Familien, so dass vieles einfach verloren geht", meinte ihre Mutter. „Ja, so kann es gehen", antwortete Lisa und gemeinsam gingen sie schweigend weiter. Sie umrundeten den halben See, ohne ein Wort zu wechseln. Beide genossen die Stille, die dieser schöne Ort ausstrahlte. Obwohl es Sonntag war, gingen heute kaum Menschen an dem See spazieren. „Die Zeit wird wieder alles richten", sagte Lisa plötzlich mitten aus der Stille heraus. Der Universelle Gedanke, durchdrang währenddessen die dicke Wolkendecke der Erde und näherte sich dem Boden. Er war voller Hoffnung, bald das zu finden, wonach er so lange suchte. Vor ihm lag ein schönes- und sonniges Fleckchen. Er schaute auf einen See, indem sich die Sonne wundervoll spiegelte. Plötzlich spürte der Gedanke etwas, dem er unbedingt folgen wollte. Als er sich weiter dem See näherte, konnte er zwei Frauen erkennen, die den See umrundeten. Das Gefühl wurde stärker und sein Blick war auf die ältere der beiden Frauen gerichtet. „Nur die Gedanken brauchen die Zeit", antwortete Lisas Mutter. Nachdem sie dies sagte, schaute sie ein wenig erstaunt. Sie schien selbst nicht zu wissen, woher sie diesen Gedanken plötzlich hatte. „Was meinst du damit?", fragte Lisa erstaunt. „Darüber muss ich für einen Augenblick lang selbst nachdenken, denn der Gedanke ist mir völlig neu und kam wie aus dem Nichts", sagte Lisas Mutter. Der Universelle Gedanke hatte sein Ziel erreicht und breitete sich bereits in Lisas Mutter aus. Er durchströmte ihr Sein und schenkte ihr völlig neue Gedanken. „Damit meinte ich, dass die Gedanken, die Vergangenheit und die Zukunft brauchen. Das Denken nimmt alles auseinander und katalogisiert alles. Es ist fast so, als würden die Gedanken das Untrennbare trennen, weil sie es müssen. Sie brauchen diese Trennung, damit sie existieren können und eine Bestätigung für sich selbst bekommen. Wäre der Mensch immer nur im Sein,

47

also nicht denkend, wäre Stille in ihm und kein Gedanke hätte eine Möglichkeit sich zu entfalten. Daher nehmen die Gedanken sich selbst den Raum. Sie möchten leben, so wie auch alles andere, was leben kann", erklärte Lisas Mutter. Lisa schaute sie mit großen Augen an. „Wahnsinn... Wie kommst du darauf?", fragte sie. „Ich weiß es nicht, mein Kind. Diese Gedanken waren gerade das erste Mal in mir. Es scheint so, als hätte sie mir Gott geschenkt, damit ich meinen Blick auf etwas Anderes richten kann", antwortete Lisas Mutter. „Worauf denn?", fragte Lisa. „Auf die Gegenwart", antwortete Lisas Mutter. Beide gingen erneut eine ganze Weile ohne miteinander zu sprechen, bis sie den See ganz umrundet hatten. Es war für Beide ein ganz besonderer Tag. Für den universellen Gedanken natürlich auch, der nun ein neues Zuhause gefunden hatte und sich somit besser erkennen konnte.

15. Abgrund – die Rückkehr (Teil 1)

Mittlerweile war eine lange Zeit vergangen, doch das Geschehene ließ Jack einfach nicht los. Er saß an seinem Arbeitstisch und schaute durch das Fenster auf die Wolken, die langsam an ihm vorbeizogen. Seit sechs Monaten arbeitete er schon an seinem neuen Buch, doch irgendwie wurde es immer schwerer der Geschichte ein befriedigendes Ende zu schenken. Immer wieder verlor er sich selbst in seinen Gedanken und merkte erst später, dass er wieder in Gedanken bei den vergangenen Geschehnissen war. „Die Vergangenheit liegt hinter mir", sagte er oft zu sich selbst, damit er überhaupt weitermachen konnte. Wie sich das Rad des Lebens doch drehen kann. Zuerst hatte ihn das Geschehene richtig aufgebaut, wodurch es ihm gelang, ein wundervolles Buch zu schreiben. Doch nach einer gewissen Zeit schien sich das Blatt zu wenden und dazu zu führen, dass einfach nichts mehr ging. Seine Gedanken kreisten die ganze Zeit um seine verlorene (Zauber)Murmel, die ihm zuletzt das Leben rettete. Jack musste sie damals zurücklassen und das machte ihm nun schwer zu schaffen. Obwohl dies nicht ganz der Wahrheit entsprach, erzählte er es sich so immer wieder selbst. In Wahrheit kam es einfach nicht dazu sie mitzunehmen, weil sie in all der Aufregung neben ihm im Wasser versank. Die Sonne schien an dem heutigen Tag besonders hell und so zog Jack die Vorhänge zu. Er versuchte sich immer noch an einem befriedigenden Ende, für sein neustes Buch. Nach einer Weile richtete sich seine Aufmerksamkeit auf die kleinen Staubpartikel, die langsam durch den Raum tanzten. Dabei viel ihm auf, dass einer der beiden Vorhänge ein kleines Loch hatte, durch das nun die Sonne strahlte. Der kleine Sonnenstrahl sah ein wenig geheimnisvoll aus, wie er sich scheinbar durch das Loch im Vorhang bohrte und den Raum absuchte. Jack schaute sich den Strahl genau an. Er endete auf der anderen Seite, direkt in seinem Bücherregal. Sofort stand er auf um genauer zu schauen, auf welches Buch der Sonnenstrahl zeigte. Als Jack das Buch aus dem Regal nahm, auf dessen Cover der Strahl viel, bekam er eine leichte Gänsehaut. Es war genau das Buch, welches er gleich nach dem Ereignis verfasst hatte. In diesem Buch hatte er seine erlebte Geschichte ein wenig umgeschrieben und ausgeschmückt. Das Buch kam unterschiedlich bei den Lesern an. Die Einen liebten es, die Anderen hatten wie immer etwas zu kritisieren. So lief es im Grunde immer, denn Allen konnte er es einfach nicht recht machen. Das war ihm auch egal, solange es sich überhaupt verkaufte. Er blätterte ein wenig in seinem Buch und war in Gedanken längst wieder in der Vergangenheit. „Ich muss zurück", sagte er zu sich selbst und stellte das Buch wieder zurück ins Regal. Noch am gleichen Tag erkundigte er sich nach einer passenden Taucherausrüstung, die er sich ausleihen wollte. Er brauchte sie unbedingt, denn ohne sie würde er nicht die Tiefen der Bucht absuchen können. Jack hatte vor Jahren bereits einen Taucherlehrgang erfolgreich bestanden und wusste sich somit zu helfen. Das freute ihn in diesem Augenblick besonders. Er wunderte sich in diesem Moment über sich selbst, dass er nicht schon viel früher den Entschluss gefasst hatte. „Alles braucht seine Zeit", ertönte es in seinem Kopf. Noch am nächsten Tag wollte er die Taucherausrüstung besorgen, damit er am Wochenende in Ruhe tauchen konnte. „Es muss sein, damit ich meinen Frieden finde", sagte er zu sich selbst, während er sich zurücklehnte und die Vorhänge wieder aufzog. Die Sonne strahlte immer noch wundervoll warm und es erschien ihm so, als würde sie nun lächeln.

16. Wenn du dem Denken folgst

„Einfach wundervoll", schallte es aus einer Wohnung, im ersten Stock eines Mehrfamilienhauses, welches sich mitten in London befindet. Ted war ein Mensch, der sich schnell für etwas begeistern ließ. Das wurde ihm auch immer wieder bewusst, doch es störte ihn nicht weiter. Es war ihm egal, solange er nur darüber begeistert sein konnte. Er folgte einfach nur noch allem, was ihn begeistern konnte. Er schaute sich gerade eine eher langweilige Komödie im Fernsehen an und selbst diese begeisterte ihn überaus. Ted selbst, würde wohl sagen, dass es alles eine Frage des Geschmacks sei. Er ließ sich wirklich von fast allem begeistern und wenn es ihn erst packte, dann folgte er scheinbar blind seiner Begeisterung. Es war ein Leichtes ihn in den Schlingen der Konsumwelt gefangen zu halten. Alles was ihm gefiel, wurde auch zugleich gekauft. Geld genug hatte er immerhin dafür. Das Meiste von seinen in Begeisterung erworbenen Sachen befand sich nicht viel später in seinem Keller. Das störte ihn nicht weiter, denn immerhin konnte er sich dafür begeistern. Plötzlich klingelte das Telefon. Ted hob ab und am anderen Ende war sein bester Freund Bill. Er wollte sich am kommenden

Wochenende mit ihm auf einen Kaffee treffen, um ihm einige Neuigkeiten zu erzählen, auf die er am Telefon nicht weiter eingehen wollte. Ted sagte voller Begeisterung zu. Er freute sich immer auf seinen Freund, der wirklich immer tolle Neuigkeiten auf Lager hatte. Selbst von seinen Geschichten ließ er sich immer hinreißen und er glaubte ihm alles, ohne auch nur das Geringste zu hinterfragen. Heute war erst Mittwoch und so lehnte sich Ted wieder zurück, um seine Komödie noch in Ruhe schauen zu können. Die darauffolgenden Tage verliefen wie gewohnt. Er ging zur Arbeit und danach machte er es sich zuhause richtig gemütlich. Das Fernsehen bot ihm immer so tolle Sachen, die ihn Stundenlang fesseln- und begeistern konnten. Es dauerte nicht lange und schon stand das Wochenende vor der Tür. Ted freute sich schon auf seinen Freund, mit dem er sich im „Torten Inn" treffen wollte. Die Konditorei war gar nicht so weit von ihm entfernt und so machte er sich ein wenig früher auf den Weg. An diesem Tag war es ein wenig kühler als sonst, was Ted gleich bemerkte. Als Ted beim „Torten Inn" ankam, schaute er kurz von außen durch ein Fenster. Heute schien nicht ganz so viel los zu sein. Er betrat die Konditorei und wurde gleich von einer freundlichen Bedienung begrüßt. Ted hielt kurz Ausschau nach ihrem Stammtisch, an dem sie sich immer trafen. Er war zur seiner Freude noch frei. Auch das konnte ihn jetzt innerlich überaus begeistern. Nachdem er seine Jacke ausgezogen- und über die Lehne des Stuhls gehängt hatte, setzte er sich hin. Es dauerte nicht lange bis die Bedienung zu ihm kam. „Was darf ich Ihnen Heute bringen?", fragte sie freundlich. „Danke, ich möchte noch einen Moment warten, bis ein Freund von mir da ist", antwortete Ted. Die Bedienung nickte mit einem Lächeln auf dem Gesicht und ging wieder. Es wunderte Ted schon ein wenig, dass sein Freund noch nicht da war. Sonst war Ted immer derjenige, der ein wenig zu spät kam. Er schaute sich in aller Ruhe um, um seine Langeweile ein wenig zu überbrücken. Ein Tisch weiter saß eine wunderschöne Frau, die er erst jetzt bemerkte. „Wie konnte ich diese Schönheit nur übersehen?", fragte er sich selbst. Am liebsten wäre er einfach aufgestanden, um sich zu ihr zu setzen. Sie war genau der Typ Frau, den Ted sehr liebte. Er brachte allerdings nicht den nötigen Mut auf und so war es ja eigentlich immer. Frauen die ihn äußerlich nicht so ansprachen, konnte er sofort ansprechen. Damit hatte er überhaupt kein Problem. Sobald es allerdings auf den ersten Blick funkte, hielt ihn etwas davon ab. Vielleicht war es die Angst zu versagen, oder einen Korb zu bekommen? Er wusste es nicht so genau und es sollte für ihn jetzt auch keine Rolle spielen. Ted schaute immer wieder hinüber zu der Schönheit und hoffte das sie es nicht bemerkte. Am liebsten hätte er sein Handy genommen und heimlich ein Foto von ihr gemacht. Seine Verabredung hatte er inzwischen völlig vergessen und das Bill immer noch nicht erschienen war, interessierte ihn auch nicht mehr. Plötzlich drehte sie sich zu ihm rüber und schaute ihn kurz an. Sie lächelte, als sie dabei in ihrer Tasche kramte. Zum Vorschein kam ein Buch, was sie vorsichtig geöffnet vor sich hinlegte. Ted konnte seinen Blick einfach nicht von ihr lassen. Er war innerlich wieder so begeistert. „Wenn ich nur wüsste was sie liest?", dachte er sich. Es dauerte nicht lange und sie nahm das Buch in ihre Hände, so dass Ted den Titel erkennen konnte. „Gedanken folgen, oder die Folgen der Gedanken", war der Titel auf den Ted nun schaute. „Ein seltsamer Titel für ein Buch", dachte er sich. Er konnte mit dem Titel einfach nichts anfangen. Bisher hatte er sich noch nie mit seinen eigenen Gedanken auseinandergesetzt. Warum auch, wenn er doch in allem die Begeisterung fand. Als er in Gedanken versunken, aus dem Fenster auf die Straße schaute, fiel ihm plötzlich wieder seine Verabredung ein. „Wo bleibt er nur?", fragte er sich selbst. „Wenn er nicht gleich auftaucht, rufe ich ihn an." Ted schaute ein wenig ungeduldig auf seine Uhr. Mittlerweile war es schon 16:42 Uhr. In den letzten Minuten hatte er doch tatsächlich völlig sein Zeitgefühl verloren. Er schaute erneut vorsichtig rüber zu seinem Nachbartisch, doch was musste er sehen? Die Schönheit war verschwunden. Von jetzt auf gleich, war sie einfach weg und er hatte es noch nicht einmal mitbekommen. Er schaute sich ein wenig verwirrt um, doch sie war nirgendwo auszumachen. Die Bedienung erschien erneut und fragte ihn, ob er nun etwas möchte. Dieses Mal bestellte er sich einen Kaffee und ein Stück Kuchen. Als er wieder über das Buch nachdachte, stand plötzlich sein Freund vor ihm. „Na du. Alles klar? Du schaust ein wenig fertig aus", fragte er seinen Freund. „Da bist du ja endlich", antwortete Ted. „Wie bitte? Ich bin früher da, als vereinbart", sagte Bill. Ted dachte nach. Stimmt! Nun konnte er sich wieder daran erinnern. Sie hatten sich für 17 Uhr verabredet und nicht für 16 Uhr. „Oh, mein Fehler. Ich sitze schon seit einer Stunde hier und fragte mich, wo du nur bleibst!?", sagte er zu Bill. Sein Freund lachte und setzte sich, nachdem er seine Jacke ausgezogen hatte. „Du wirst es nicht glauben, was ich eben erlebt habe", sagte Ted. „Lass mich raten. Du hast eine wunderschöne Frau getroffen?", fragte sein Freund. Ted hielt den

Atem an und schaute ihn erstaunt an. „Wie kommst du denn darauf?", fragte er seinen Freund. Bill grinste breit. „Auf dem Weg hierher kam mir eine umwerfende Schönheit entgegen", antwortete er mit einem frechen Grinsen auf dem Gesicht. Ted grinste nun auch, nachdem er verstand wie sein Freund zuvor darauf kam. „Ja, sie saß gleich am Tisch nebenan und war vertieft in ein merkwürdiges Buch", meinte Ted. „Das ist ja spannend", sagte Bill. „Genau aus diesem Grund wollte ich dich auch treffen. Es geht um ein Buch, welches zuletzt und wie durch ein Wunder zu mir fand", fügte er noch hinzu. Bill kramte in seiner Tasche und sein Freund beobachtete ihn dabei ganz genau. „Hier ist es", sagte Bill und hielt es seinem Freund vor die Nase. Eine gefühlte Ewigkeit verging, bis Ted etwas sagte. „Ich bin sprachlos. Es ist genau das Buch, welches die wunderschöne Frau am Nachbartisch auch bei sich hatte", sagte Ted. Sein Freund grinste und blätterte ein wenig in seinem Buch. „Nun erzähl schon. Worum geht es in diesem Buch?", fragte Ted ganz neugierig. Derweil kam die Bedienung erneut an ihren Tisch und fragte nach, ob sie noch etwas bringen könnte. Bill bestellte das Gleiche wie sein Freund. „Und? Wirst du es mir verraten?", fragte er noch einmal neugierig nach. „Ich würde vorschlagen, dass du es selbst liest. Es kann dir sicherlich viel innere Freiheit schenken. Wenn du magst kann ich dir kurz zusammenfassen, worum es überhaupt geht?", fragte Bill seinen Freund. Ted nickte zustimmend. Sein Freund holte tiefer Luft als sonst und fing an zu erzählen. „Nicht ich fand dieses Buch - dieses Buch fand mich. Ursprünglich wollte ich ein ganz anderes Buch kaufen, doch es viel mir einfach vor die Füße. Ja, dass kannst du ruhig wortwörtlich verstehen. Es fiel mir vor die Füße und ich bereue es nicht, es gelesen zu haben. Das ganze Buch handelt darüber, wie die eigenen Gedanken einen völlig einnehmen können. Wir haben immer die Wahl, den eigenen Gedanken Glauben zu schenken, oder sie einfach abzulehnen. Doch dafür müssen wir erst einmal erkennen, dass es überhaupt so ist. Wir können die Herren über unsere eigenen Gedanken werden, damit wir ihnen nicht immer gleich folgen und ihnen ungeprüft Glauben schenken. Somit haben wir einen viel größeren Freiraum, in dem wir agieren können. Ich kann mir vorstellen, dass sich das nun für dich ein wenig verrückt anhört und daher schlage ich vor, dass du mein Buch einfach mitnimmst. Lies es in Ruhe und vielleicht verstehst du dann, was ich meine. Ich für meinen Teil, fühle seitdem viel mehr Raum in mir. Ich fühle mich freier, weil ich nicht mehr alles glaube, was ich mir selbst manchmal so erzähle. Ich folge nicht mehr jedem meiner Gedanken der plötzlich auftaucht und lasse mich auch nicht mehr so schnell von allem Inhaltslosen begeistern. Das ist so, weil ich nun auf einer anderen Ebene entscheide und nicht mehr meine Gedanken über mich entscheiden lasse", erzählte Bill seinem Freund. Ted schwieg einfach nur. Für ihn waren es sehr viele Informationen auf einmal, von denen er so gut wie nichts verstand. „Du entscheidest?", fragte Ted seinen Freund. „Ja, ich. Es hört sich sicherlich alles ein wenig verwirrend für dich an. Du bist viel mehr als deine Gedanken. Du bist und du kannst zu jeder Zeit der sein, der hinter all dem steht, was in dir gedacht wird, und es auch als solches erkennen. Du bist das Bewusstsein, welches über all diesen Vorgängen steht", gab er Ted zur Antwort. Ted schaute seinen Freund einfach nur fragend an. Er konnte das Gesagte nicht wirklich begreifen. An diesem Tag sprachen sie noch über alles mögliche, bis sie später wieder getrennte Wege gingen. Als Ted zuhause ankam, holte er als erstes das Buch aus seiner Tasche, um es in seine Hände zu nehmen. Er spürte schon wieder die tiefe Begeisterung, die in ihm sprudelte und dieses Mal würde sie ihm richtig von Nutzen sein.

17. Ein Ort jenseits der Gedanken

Markus arbeitete schon eine ganze Weile bei der Europäischen Weltraumbehörde, bis er das erste Mal eine Raumfahrtsimulation durchführen durfte. Morgen war es endlich soweit und bereits heute war er sehr aufgeregt, obwohl er den Ablauf von seinen Kollegen nur zu gut kannte. Gemeinsam hatten sie ihn theoretisch sehr oft besprochen. Er hatte sich heute extra einen Tag Urlaub genommen, um noch einmal seine Unterlagen in Ruhe durchzugehen. Immerhin hing sehr viel von dem Verlauf seiner Reaktionen ab, die er während dieser Simulation zeigte. Wenn er alles mit Bravour meistern würde, wäre er in den nächsten Jahren ein Kandidat, um wirklich ins Weltall reisen zu dürfen. Es war schon immer sein Traum gewesen, einmal in echter Schwerelosigkeit durchs All zu schweben. Während er kurz seine Unterlagen beiseite legte, konnte er draußen die Vögel singen hören. Völlig entspannt ließ er sich in seinen Sessel sacken und schloss dabei seine Augen. Während er weiterhin den Vögeln zuhörte, versank er immer tiefer in sich selbst. Vor seinem geistigen Auge erschienen schon Bilder aus der Tiefe seines Unterbewusstseins. Hin und wieder liefen kleine Abschnitte seines Lebens, wie ein Film, vor seinen Augen ab. Sobald er über das

Gesehene nachdachte, verschwanden die Bilder plötzlich wieder im Nichts. Es schien so, als würde er ein paar Mal zwischen einem wachen Zustand und seinem Traum hin und her pendeln. Bis er tief und fest eingeschlafen war, vergingen keine drei Minuten. Er war sehr müde, denn die letzten Tage waren sehr stressig für ihn gewesen. Auch wenn er dies nicht gerne zugeben wollte, so hatten ihn die letzten Tage ganz schön mitgenommen. In den letzten Tagen hatte er sich ausschließlich mit seinen Vorbereitungen befasst und die Angst zu versagen, hatte noch zusätzlich von ihm gezehrt. Markus befand sich immer noch in einer sehr tiefen Phase seines Schlafes. In seinem Traum kam es ihm so vor, als würde er immer weiter und tiefer abdriften. Vor ihm blitzte plötzlich ein helles Licht auf. Eine leise Stimme, wie aus dem Nichts, drang an seine Ohren. Markus konnte nicht einordnen, ob die Stimme weiblich, oder männlich war. „Ich begrüße dich, Reisender", sagte die Stimme. Markus schaute weiterhin auf ein helles Licht. Es strahlte eine gewisse Wärme aus, die er nun sehr gut wahrnehmen konnte. „Wer spricht da zu mir? Wer bist du?", fragte Markus. „Das spielt keine Rolle. Ich möchte dich auf eine Reise jenseits der Gedanken schicken, damit du die Dinge so sehen kannst, wie sie tatsächlich sind", sagte die

Stimme. „Was? Wie bitte? Wohin? Warum?",
fragte Markus. „Sobald du anfängst die Dinge zu
benennen, die du siehst, sind sie nicht mehr so,
wie sie wahrlich sind. Ab dem Augenblick, in dem
du die Dinge benennst, sind die Dinge so, wie du
bist, doch niemals so rein, so wie sie tatsächlich
sind. Dann sind die Dinge nicht mehr ganz das,
was sie in ihrem reinen Kern ausmacht und
vielmehr so, wie du selbst bist. Ich schicke dich
jetzt auf eine Reise und ich bitte dich, die Dinge
einfach zu betrachten, ohne sie zu benennen.
Nimm sie einfach wahr, ohne sie zu beschreiben
und ohne sie einzuordnen, oder zu bewerten.
Nimm sie so wahr, wie sie wahrlich sind. Ganz
ohne Namen und ohne eine Geschichte", erzählte
die Stimme. Markus schwieg für einen kurzen
Augenblick und sagte dann „ich will es
versuchen". Die Stimme lachte leise. „Wenn du es
nur versuchen willst, wirst du versagen. Mach es
einfach. Ich bin davon überzeugt, dass du es
schaffst", antwortete die Stimme. Markus war
einverstanden und zeigte dies, indem er nickte.
„Gute Reise, mein Freund", wünschte ihm noch
die Stimme, bevor das Licht noch ein wenig heller
wurde. Es schien so, als würde sich das Licht noch
ein wenig weiter ausbreiten, bevor es sich auf
einmal blitzschnell in sich selbst zusammenzog
und verschwand. Eine gefühlte Ewigkeit lang,

befand sich Markus in absoluter Dunkelheit. In dieser Zeit nahm er nur noch sich selbst wahr. Er spürte plötzlich ein Kribbeln, welches sich durch seinen ganzen Körper zog. In weiter Ferne konnte er jetzt etwas erkennen. Es kam langsam auf ihn zu. Markus schaute auf einen Stern, der aus dieser Entfernung noch sehr klein wirkte. Dem einen Stern, folgten weitere Sterne um ihn herum. Sie erschienen alle in der Mitte, genau vor Markus und verteilten sich langsam in alle Richtungen. Mittlerweile waren es schon so viele, dass er sie gar nicht mehr zählen konnte. Es wurden immer mehr und die Ersten von ihnen, zogen langsam an ihm vorbei. Ihre Größen waren alle sehr unterschiedlich. Plötzlich fühlte er eine gewisse Kälte in sich aufsteigen. Kurz nachdem er diese Kälte in sich empfand, konnte er in der Ferne eine glühende Sonne erkennen. Auch die Sonne wuchs langsam vor seinen Augen. Sie wurde immer größer und mit ihr auch die Wärme, die sie ausstrahlte. Markus fühlte sich unglaublich geborgen in dieser Wärme und das, obwohl er scheinbar im Nichts schwebte. Weit in der Ferne erschien nun ein ihm bekannter Planet – die Erde. Er dachte weiterhin nicht über das nach, was er zu sehen- und zu fühlen bekam. Die Erde näherte sich langsam und nun konnte er auch erkennen, dass sie etwas umrundete. Als die Erde nah genug an ihm war, konnte er erkennen worum es sich dabei handelte. Es war eine Raumkapsel. Eine Raumkapsel, mit der er auch eines Tages einmal ins Weltall wollte. „Was soll das alles bedeuten?", fragte er sich und im gleichen Augenblick erwachte er. Ein wenig erschrocken schaute er sich um. Auf seiner Stirn hatte sich ein wenig Schweiß gebildet. Er wusste selbst nicht, ob es wegen der Sonne war, oder ob er Angst bekommen hatte. Bevor er aufstand, dachte er gleich noch einmal über seinen Traum nach. Er kannte es, wie es sein kann, wenn man erst etwas Zeit nach einem Traum vergehen lässt. Er würde den Traum einfach wieder vergessen. „Was wollte mir dieser Traum bloß sagen?", fragte er sich selbst. Er kam einfach auf keine brauchbare Antwort. Irgendwann dachte er nicht mehr über seinen Traum nach und ging ein letztes Mal seine Unterlagen für den morgigen Tag durch. An diesem Abend zog es ihn früher als gewöhnlich in sein Bett, denn er wollte für den kommenden Tag richtig ausgeschlafen sein. Irgendwann würde er seinen Traum sicherlich besser verstehen – vielleicht sogar am kommenden Tag, an dem nicht alles nur durch reines Denken gelöst werden kann.

18. Im Wartezimmer

Wie lange Klaus schon im Wartezimmer saß, wusste er selbst nicht mehr. Er schaute sich um und sah ansonsten niemanden. Als er das Wartezimmer betrat, saßen zwei weitere Personen in ihm, doch nun saß er schon eine ganze Weile ganz alleine im Wartezimmer. „Werde ich denn niemals aufgerufen?", fragte sich Klaus. Er wollte noch ein wenig warten und dann würde er sich selbst darum kümmern. Auf dem Tisch, gleich neben seinem Stuhl, lag ein ganzer Stapel von Zeitschriften. Klaus nahm sich wahllos eine Zeitschrift und blätterte sie durch, ohne sie aufmerksam zu betrachten. Er tat es aus reiner Langeweile, um so seine Ungeduld ein wenig zu besänftigen. „Mensch, warum dauert das denn so lange, bis ich dran komme? Was ist hier nur los?", fragte er sich. Er wartete noch einmal gefühlte fünfzehn Minuten, bis er aufstand um sich zu erkundigen. Erst jetzt fiel ihm auf, dass in dem Wartezimmer keine Bilder an den Wänden hingen. Der ganze Raum schaute seiner Meinung nach ein wenig kühl aus. Der Raum war fast ganz weiß und lediglich die Stühle hoben sich farblich ein wenig ab. Er suchte die Tür und konnte sie einfach nicht finden. „Das gibt es doch nicht, ich bin doch eben hier irgendwo hereingekommen", dachte er sich.

Klaus schaute sich sorgfältig um, doch er konnte einfach keine Türklinke entdecken. So langsam machte sich in ihm die Angst bemerkbar. „Werde ich etwa verrückt?", fragte er sich selbst. Er ging den gesamten Raum ab, doch er konnte einfach keine Tür finden. Ein wenig fertig und in Gedanken vertieft, setzte er sich wieder auf einen Stuhl. Er dachte verzweifelt nach. Was konnte er jetzt bloß tun? „Hallo, hört mich jemand", rief er aus purer Verzweiflung. Klaus konnte plötzlich ein Geräusch hören, welches aus der Mitte des Raumes kam. Genau an dieser Stelle öffnete sich der Boden ein wenig später. Klaus konnte es einfach nicht fassen. Aus dem Loch im Boden fuhr langsam eine Frau nach oben, bis sie so weit oben war, dass sie den Raum betreten konnte. Als sie einen Schritt nach vorne machte, verschloss sich langsam das Loch im Boden hinter ihr. Langsam kam sie auf ihn zu. Klaus war währenddessen aufgestanden und machte ängstlich einen Schritt zurück, bis er die Wand in seinem Rücken spürte. „Hallo, der Doktor wartet schon auf Sie", sagte die Frau in einem sehr freundlichen Ton. Erst jetzt realisierte er, dass die Frau wie eine Arzthelferin gekleidet war. Allerdings war ihre Kleidung nicht weiß, sondern rot. Klaus wusste gar nicht was er sagen sollte. Ehe er sich versah, befand er sich bereits in einem anderen Raum. Es erschien ihm so, als sei er in diesen Raum teleportiert worden. Der Raum war ebenfalls ganz weiß und genau in der Mitte befand sich nur ein Tisch, und zwei Stühle. Genau dort saß auch der Doktor. Er war anders als üblich, völlig in rot gekleidet. Klaus wollte gerade etwas sagen, als der Doktor ihm zuvor kam. „Wissen Sie warum Sie bei mir sind?", fragte er. Klaus wusste erst gar nicht, wie er reagieren sollte. Wollte er erst fragen, was das alles soll und wieso es hier so merkwürdig zuging, oder gleich auf die Frage Antworten? Er entschied sich zu antworten. „Ich denke schon. Irgendwie habe ich zur Zeit das Gefühl, als würde mir etwas fehlen", sagte Klaus. „Zur Zeit, oder begleitet Sie dieses Gefühl schon länger?", fragte der Doktor. Klaus dachte nach. „Wenn Sie mich so fragen. Immer wenn ich das Gefühl hatte, dass ich nun alles hatte was ich brauchte, machte sich dieses Gefühl plötzlich wieder in mir breit", antwortete Klaus. „Dann können Sie sich sicherlich auch vorstellen, warum wir Sie so lange im Wartezimmer sitzen ließen?", fragte er. „Nein, nicht wirklich. Ich dachte eigentlich, dass Sie viel zu tun hatten", sagte Klaus. „Wie hat es sich denn für Sie angefühlt, dort so lange zu warten? Kam Ihnen das Gefühl vertraut vor?", fragte der Doktor. „Wie meinen Sie das?", fragte Klaus nach. „Ist es nicht so, dass Sie schon sehr lange in ihrem persönlichen Wartezimmer sitzen und ständig warten? Ist es nicht so, dass Sie in ihrem persönlichen Wartezimmer des Lebens sitzen, in dem Sie auf den nächsten Moment warten. Auf einen Moment, der weitaus besser sein könnte, als dieser hier?", fragte der Doktor. Klaus schaute ein wenig nach unten, so als wolle er die Wahrheit verstecken. „Ja, irgendwie hoffe ich stets darauf, dass der nächste Moment mir Erfüllung schenken könnte", gab er offen zu. „Ich verrate Ihnen ein Geheimnis – es wird keinen besseren Augenblick geben. Egal wie sehr Sie es auch hoffen. Dieser Augenblick in dem Sie nun Leben, ist alles was Sie haben. Wie wäre es, wenn Sie aus ihm das Beste machen, anstatt darauf zu hoffen, dass er zukünftig besser wird?", fragte der Doktor. Klaus merkte wie er ein wenig rot wurde. „So einfach ist das?", fragte er verblüfft. „Ja, so einfach kann es sein. Sie müssen nur den jetzigen Augenblick so annehmen, wie er ist und Sie werden bemerken, dass es Ihnen gleich viel besser gehen wird", antwortete der Doktor. Plötzlich klingelte das Telefon. Klaus konnte nicht genau bestimmen, von wo das Klingeln kam. Es klingelte und klingelte. Klaus schaute sich um, während der Doktor einfach nur still auf dem gegenüberliegenden Stuhl saß. „Wollen Sie nicht an das Telefon gehen?", fragte Klaus. „Das lohnt sich nicht, denn gleich werden Sie sowieso aufwachen", antwortete der Doktor. Klaus schaute ihn fragend an und im selben Moment erwachte er. Es klingelte immer noch, doch es war nicht das Telefon, sondern sein Wecker, der gleich neben ihm auf seiner Nachtkommode stand. Er stellte den Wecker ab und setzte sich waagerecht hin, während er mit seinen Fingern über seine Augen rieb. An diesem Morgen dachte er noch lange über seinen Traum nach. Er war sehr dankbar, das ihn dieser Traum erreichen konnte, denn er offenbarte ihm das, was er gar nicht mehr sehen konnte. Es war der erste Tag, an dem Klaus nicht mehr wartete, sondern wieder für den Moment lebte.

19. Nachricht aus der Zukunft

An diesem Morgen ahnte Mia noch nicht, was für ein außergewöhnlicher Tag es für sie werden würde. Mia stand in der Regel zwei Stunden vor dem Arbeitsbeginn auf, um sich so in Ruhe auf den Tag vorbereiten zu können. Als erstes ging sie in die Küche und setzte sich zwei Tassen Kaffee auf, und gleich darauf verschwand sie im Badezimmer, um sich ein wenig zu schminken. Als Mia aus dem Bad kam, schaute sie kurz auf die Uhr, die in ihrem Flur hing. Jeden Morgen nahm sie vor der Arbeit eine Kleinigkeit zu sich und trank dabei genüsslich ihre zwei Tassen Kaffee. Langsam machte sie sich für den Weg zu Arbeit bereit. Bevor sie ihre Wohnung verließ, zog sie sich ihre Schuhe an. Als sie in den Hof kam, lachte sie bereits die Sonne an. Das Autodach spiegelte die Sonne ein wenig, so dass sie kurz ihre Augen zukniff. Mia liebte es im Sommer zur Arbeit zu fahren, weil es schon so früh hell war und ihr Weg durch viel Natur führte. Auf dem Weg zur Kindertagesstätte wurde sie plötzlich ein wenig traurig, denn erst seit kurzem stand sie morgens ganz alleine auf. Ihre langjährige Beziehung war nach fast sieben Jahren von Heute auf Morgen zerbrochen. Die letzten zwei Jahre in ihrer Beziehung waren für sie alles andere als schön gewesen. Zu dieser Zeit hatte sie ständig das Gefühl gehabt, dass sie völlig aneinander vorbei lebten. Selbst im Bett wurden sie sich kaum noch einig. Ja, wenn sie ehrlich zu sich selbst war, dann musste sie sich eingestehen, dass sie die letzte Zeit in ihrer Beziehung lieber alleine gewesen wäre. Das sollte nun allerdings keine Rolle spielen, denn sie würde bereits in fünf Minuten auf der Arbeit sein. Dann musste sie ganz für ihre Kinder da sein, die sich täglich auf sie freuten. Mia seufzte leise. Sie wollte immer eigene Kinder haben, doch ihr letzter Partner war stets dagegen gewesen. Er wollte noch seine Freiheit genießen und hatte ihr immer gesagt, dass sie noch so jung wären. Er hatte oft zu ihr gesagt, dass sie noch Zeit hätten, was sie persönlich immer als Ausrede empfand. „Alles hat seine Zeit", hatte er immer zu ihr gesagt. Ja, sie war noch nicht zu alt für Kinder, doch nun wäre ihrer Meinung nach die ideale Zeit für ein eigenes Kind gewesen. Mia fuhr langsam auf den Parkplatz der Kindertagesstätte und stellte ihr Auto in die für sie reservierte Parklücke. Die Sonne war bereits ein Stück weiter gestiegen und strahlte förmlich die Kindertagesstätte an. In dem warmen Kleid der Sonnenstrahlen, sah das Gelände noch viel freundlicher aus. Mia betrat das Gebäude und begrüßte freundlich ihre Kolleginnen. Langsam trudelten die ersten Eltern ein, um ihre Kinder in die Hände der Erzieherinnen zu geben. Noch deutete nichts darauf hin, dass heute ein überaus besonderer Tag werden würde. Mia war wie immer mit ganzem Herzen bei der Arbeit. Sie liebte ihre Kinder sehr, was diese auch immer wieder erleben durften. Ihr heutiger Arbeitstag verlief sehr ruhig und neigte sich langsam dem Ende entgegen. Nachdem das letzte Kind abgeholt wurde, verabschiedete sie sich von ihren Kolleginnen. Als sie den Parkplatz betrat, schien zur ihrer Freude immer noch die Sonne. Mia liebte einfach die Sommerzeit, wenn es Morgens und Abends schön hell und warm war. Sie stieg in ihr Auto und fuhr gemütlich los. Ihre Gedanken waren in der Zukunft, denn sie überlegte sich was sie heute Abend noch machen wollte. Schnell hatte sie sich dafür entschlossen weiter in ihrem Buch zu lesen, welches sie sich letzte Woche gekauft hatte. Nachdem sie Zuhause eintraf, schaute sie wie gewohnt als erstes in ihren Briefkasten. In ihm befanden sich drei Briefe. Zwei davon waren lediglich Rechnungen, was sie schon anhand des Absenders erkennen konnte, doch der dritte Brief war ohne Absender. Diesen beschloss sie als erstes zu öffnen. Überraschend stellte sie fest, dass in dem Umschlag ein handgeschriebener Brief steckte. Auch auf dem

Brief selbst war kein Absender zu erkennen. Sie fing neugierig an zu lesen... „Liebe Mia, auch wenn es dir jetzt vielleicht ein wenig merkwürdig vorkommen mag, so kann ich dir versichern, dass du all das was du so sehr ersehnst, schon bald in deinem Leben vorfinden wirst. Es wird sich auch der Mann deiner Träume zeigen. Dieser Mann möchte aus tiefsten Herzen eine Familie mit dir gründen. Ihr werdet zwei Kinder haben – ein Mädchen und ein Junge, die ihr über alles lieben werdet. Für immer werdet ihr ein eng verbundenes Team sein, welches gemeinsam durch jede Krise geht. Vielleicht wird dir dieser Brief wie ein Brief aus der Zukunft vorkommen, weil er inhaltlich das bestätigt, was du dir jetzt schon für deine Zukunft wünschst. Vertraue auf meine Worte und lasse dich führen. Du hast bisher immer das Beste getan und dein Weg ist für dich so verlaufen, wie er verlaufen konnte. Dein Engel..." Mia liefen die Tränen. „Wer könnte mir diesen Brief geschickt haben?", fragte sie sich selbst. Als sie ihre Wohnung aufschloss, ging sie gleich weiter ins Wohnzimmer. Als erstes wollte sie ihre beste Freundin anrufen und ihr von diesem Brief berichten. „Vielleicht weiß sie ja etwas darüber?", dachte sie sich. Ihre Freundin war genauso erstaunt über den Brief. Auch sie konnte sich nicht vorstellen, wer ihr diesen Brief geschickt haben könnte. Mia wusste nicht, was sie mit all den Informationen anfangen sollte und so geschah eine ganze Zeit lang nichts. Der Brief geriet sogar mit der Zeit in Vergessenheit, bis es anfing sich so zu entwickeln, wie es im Brief geschrieben stand. Mia konnte manchmal ihr Glück selbst nicht fassen. Sie war überaus glücklich, denn alles entwickelte sich so wie sie es sich immer gewünscht hatte. Es gab ihn tatsächlich, ihren Traummann und in ihrer gemeinsamen Zeit, wurden sie mit einem Mädchen und einem Jungen beschenkt. Noch heute, fünf Jahre danach, leben beide so glücklich wie am ersten Tag zusammen. Der Brief hängt nun eingerahmt in ihrem Wohnzimmer, damit sie sich so oft es geht daran erinnert. Was Mia nicht wusste ist, dass dieser Brief nur durch einen Zufall zu ihr fand. Es war schon sehr auffällig, dass der Brief zu ihr fand, obwohl der Familien- und Straßennamen nicht ganz übereinstimmte. Letztendlich bewirkte ein simpler Zahlendreher in der Postleitzahl das Wunder und so fand der Brief zu ihr, obwohl er nicht für sie bestimmt war. Der Glaube an das Geschriebene hatte sie unbewusst gestärkt und letztendlich das in ihr Leben gezogen, was in ihm geschrieben stand. Der Glaube versetzt eben Berge – auch Berge, die dem eigentlichen Glück im Wege stehen.

20. Nichts ist, was Gott nicht ist

Immer wieder traf Sascha auf Widerstand, wenn er von seiner Ansicht Gottes sprach. Sehr tief sitzt im Kollektiv das Gelehrte über Gott fest. So tief, dass er sogar auf Menschen traf, die ihm gegenüber gewalttätig wurden, als er ihrer Meinung nach abfällig über ihren Glauben sprach. Dabei handelte es sich lediglich um seine Meinung. Ihm persönlich war es ganz egal, woran Andere glaubten, denn er verstand es so, dass der Glauben der anderen Menschen auch zugleich ein Teil Gottes ist. Sascha betonte es immer und immer wieder, das er Gott in Allem sieht. Seine Ansicht beinhaltet natürlich auch das so genannte Gute, wie auch das Böse. Alleine mit dieser Behauptung brachte er schon viele auf die Palme. „Wie kann Gott denn böse sein?", wurde er immer wieder gefragt. Es dauerte meistens sehr lange bis die Menschen begriffen, dass das Böse, wie auch das so genannte Gute, lediglich auf ihrer moralischen Vorstellung basierte. Wenn es das so genannte Böse nicht geben dürfte, dann wäre es ganz einfach nicht vorhanden, betonte er immer wieder. Für ihn war alles was existiert – Gott. Außerhalb davon gab es für Sascha einfach nichts. An dem heutigen Tag wollte er sich mit ein paar neuen Freunden treffen und über dieses Thema ausgiebig sprechen. Er freute sich immer ganz besonders auf solche Diskussionsrunden, obwohl er auch immer mit Widerstand rechnete. Im Grunde wollte er niemanden belehren, sondern den Menschen einfach die Chance schenken, sich selbst aus den Ketten ihres Glaubens zu befreien. Vielen war es gar nicht bewusst, wie tief sie ihr eigener Glaube fesselte. Es war Saschas Meinung nach ein weiteres Regelwerk, welches einst entstand, um die Menschen besser kontrollieren zu können. Bevor er zu seinem Treffen fuhr, wollte er noch kurz in der Stadt etwas für den morgigen Tag besorgen. Als Sascha in seinem Lieblingsladen langsam durch die Reihen der Regale ging, sah er ein paar Meter weiter eine Frau mittleren Alters stehen. Irgendetwas ließ ihn die ganze Zeit auf sie schauen. Sie war nicht besonders auffällig gekleidet. Zwar war sie sehr schön anzuschauen, doch nicht unbedingt Saschas Geschmack. Er konnte einfach nicht wegschauen. Immer wieder drehte er sich kurz zum Regal vor ihm, um so vorzutäuschen in ihm etwas zu suchen. Eine ganze Zeit lang ging das Spiel so, bis die Frau auf ihn zukam und erst direkt vor ihm stoppte. Sie schauten sich an, ohne etwas zu sagen. Jetzt konnte Sascha ihre schönen blauen Augen erkennen, die ihn ein wenig fragend anschauten. Ihr blondes Haar trug sie versteckt unter ihrer hellbraunen Strickmütze, auf der bunte Blumen gestickt waren. Passend zu ihrer Mütze trug sie einen Schal. Sie schauten sich weiterhin schweigend an. Sascha war eigentlich nicht der schüchterne Typ, doch irgendetwas hielt ihn im Moment zurück. Plötzlich griff sie vorsichtig nach seiner rechten Hand und er gab sie ihr, ohne zu zögern. Mit ihrer linken Hand holte sie eine Karte aus ihrer Tasche und drückte sie Sascha in die Hand. Ohne etwas zu sagen ging sie einfach weiter. Sascha drehte sich zu ihr um und beobachtete wie sie das Geschäft verließ. Erst danach schaute er auf die Karte in seiner Hand. Es war ihre Visitenkarte, auf der ihr Name und ihre Telefonnummer stand. Ganz unten auf der Visitenkarte war ein Vermerk zu finden. „Nur die Langsamen und Deutlichen, werden ihr Ziel erreichen". „Lisa heißt sie also", dachte sich Sascha. „Was ist nur los mit ihr?", fragte er sich gleich darauf. Danach versuchte er seine Aufmerksamkeit wieder auf den jetzigen Moment zu richten, um das zu kaufen, was er für Morgen brauchte. Als er alles besorgt hatte was er brauchte, machte er sich auf den Weg zu seiner Diskussionsrunde. Dort angekommen erzählte er gleich über sein merkwürdiges Erlebnis. Niemand in der Runde konnte etwas mit der Aussage anfangen, die auf der Visitenkarte stand. „Da musst du wohl anrufen, um das Geheimnis aller Geheimnisse zu lüften", sagte eine Frau in der Runde, mit einem leichten Grinsen auf dem Gesicht. Nach drei Stunden Diskussion neigte sich der heutige Tag dem Ende entgegen. Auch an dem heutigen Tag waren wieder überaus interessante Gespräche zustande gekommen. Nachdem er sich bei allen verabschiedet hatte, setzte er sich voller Freude in seinen Wagen und schaltete sein Radio ein. Er liebte es mit schöner Musik durch Zeit und Raum zu fahren. Zuhause angekommen, wollte er es sich noch ein wenig auf seinem Sofa bequem machen. Das war zumindest sein Plan gewesen. Wie er sehr schnell feststellen durfte, konnte er gedanklich einfach nicht von Lisa ablassen. Er dachte intensiv nach und drehte und wendete alles so lange, dass er gar nicht bemerkte, wie er langsam einschlief. Am nächsten Morgen wachte er mit einem leichten Ziehen im Nacken auf. Er hatte die ganze Nacht über auf dem Sofa geschlafen. Sogar das Licht brannte immer noch. Als er sich streckte erreichten ihn plötzlich Gedankenfetzen des Traumes, welchen er heute Nacht geträumt haben musste. Langsam drangen Teile des Traumes wieder in sein Gedächtnis, bis er sich ganz an seinen Traum erinnern konnte. In seinem Traum saß er auf einem riesigen Pilz, der sich der Sonne entgegen streckte. Um ihn herum wuchs Gras, welches sogar noch über den Pilz hinausragte. In der Ferne konnte er ein leises Summen hören, welches immer näher kam. Es war eine unsagbar große Biene, die mindestens so groß wie er selbst war. Nun begriff er allmählich was vor sich ging. Nicht seine Umgebung war so groß, sondern er so klein. Die Biene steuerte direkt auf ihn zu und wich erst im letzten Augenblick aus. Sascha schaute sich hastig und voller Panik um, doch er konnte keinen Weg erkennen, der von dem riesigen Pilz führte. Noch im gleichen Moment verspürte er einen kräftigen Luftzug, der unzählig viele Samen einer Pusteblume vorbeifliegen ließ. Die Samen waren so groß, dass er sich ohne Probleme an sie klammern konnte. Er nahm ein wenig Anlauf und sprang auf eins der Samen zu. Sascha griff hastig zu und umklammerte es. Der nächste Windstoß erreichte ihn und trieb ihn, mitsamt dem Samen, weiter in die Höhe. Aus dieser Höhe konnte er auf die sehr große Wiese schauen, die nun eindrucksvoll unter ihm lag. Unzählige Blumen ließen die Wiese aus dieser Höhe wie einen bunten Teppich aussehen. Sascha flog immer weiter nach oben und so langsam bekam er es mit der Angst zu tun. Er schaute sich um und erkannte sogleich, dass er genau auf einen riesigen Baum zusteuerte. An den Baum gelehnt saß eine Person die ein Buch in der Hand hielt. Aus dieser Entfernung konnte er noch nicht erkennen, ob es sich dabei um eine Frau, oder einen Mann handelte. Der Luftzug trieb ihn weiterhin auf den Baum zu und nach einer Weile war er nah genug an ihm, um mehr erkennen zu können. Die Person die dort saß, war niemand anderes außer er selbst. In seinen Händen hielt er ein Buch Namens: „Du erkennst dich in allem, was ist"... An mehr konnte er sich jetzt nicht erinnern. Dies war wohl auch zugleich der Moment gewesen, an dem er erwachte und sein Traum endete. Sascha erhob sich von seinem Sofa, um in die Küche zu gehen. „Ein komischer Traum", dachte er sich während er sich einen Tee aufschüttete. In diesem Moment spürte er Lisas Visitenkarte in seiner Hosentasche, die er sogleich in seine Hand nahm. Er schaute sie sich noch einmal ganz genau an und beschloss sofort bei ihr anzurufen. Es kostete ihn schon ein wenig Überwindung anzurufen, doch er war einfach zu neugierig um noch einen Tag verstreichen zu lassen. Nachdem er ihre Nummer gewählt hatte und er ein Freizeichen hörte, dauerte es eine ganze Weile bis abgehoben wurde. „Hallo, ist dort die Lisa? Hier ist der Sascha, den du beim Einkaufen getroffen hast. Du hast mir deine Karte in die Hand gedrückt und bist dann einfach verschwunden. Kannst du dich an mich erinnern?", fragte Sascha. Stille – eine ganze Zeit lang bekam er keine Antwort. „Hallo, ist da jemand?", fragte Sascha ein wenig verunsichert nach. Dann antwortete ihm Lisa. Sie sprach ein wenig ungewöhnlich und es fiel ihm nicht immer leicht, sie zu verstehen. So langsam ahnte er was der Spruch auf ihrer Karte bedeutete und als ihm Lisa erklärte, dass sie fast taub ist, wurde es ihm ganz klar. Deswegen sprach sie auch für ihn ein wenig merkwürdig. Sie konnte sich selbst nicht so gut hören und wusste daher nicht genau, wie sie gerade im Moment klingt. Zu Beginn war Sascha noch ein wenig verwirrt und unsicher, doch mit der Zeit klang sie für ihn ganz normal. Sie verabredeten sich für den kommenden Tag, um in Ruhe über Gott und die Welt zu reden. Wie vereinbart trafen sie sich am nächsten Tag in einem kleinen Kaffee. Sie sprachen natürlich auch über Gott und was Gott für jeden von beiden eigentlich bedeutet. Sascha war sehr erfreut darüber, dass sie fast genauso empfand wie er. Sascha war immer ganz besonders erfreut, wenn er sich selbst in einem anderen Menschen wiederfand. Ganz besonders freute es ihn bei einer so schönen Frau wie Lisa. Nur Gott alleine wusste in diesem Augenblick schon, was aus den Beiden werden würde.

21. Schatten der Vergangenheit

Die Schatten der Vergangenheit, durch unzählige Bäume auf dem Boden verteilt, berührten sanft den Waldboden und erstreckten sich in alle Richtungen. Sie schienen sich zu umarmen und wo sie sich überlagerten, verstärkten sie sich gegenseitig. Stella befand sich inmitten dieses Waldes. Sie schaute sich um und konnte keinen Ausweg erkennen. Umgeben von Schatten, die ein Abbild ihrer Vergangenheit zu sein schienen, rannte sie einfach los. Sie wollte einfach nur weg von hier, an einen helleren und freundlicheren Ort. Immer wieder schaute sie sich hastig um, doch bis jetzt zeigte sich ihr leider kein Ausweg. Sie wechselte oft die Richtung und rannte scheinbar ziellos umher. Stella rang nach Luft und hielt kurz an. Tief hinein, sog sie die ersehnte Luft. Als sie sich währenddessen umschaute, konnte sie in der Ferne einen Berg erkennen. Klein, unscheinbar, kaum zu sehen und doch für sie eine große Hoffnung. Sie nahm ihn in ihren Fokus und rannte erneut los. Auf ihrem Weg zogen unzählige Schatten an ihr vorbei. Einige von ihnen berührten Stella mit ihrer schattigen Kälte. Die Schatten um sie herum, sehnten sich scheinbar auch nach Wärme. Sie wollten vermutlich berührt- und gewärmt werden, damit auch sie sich geliebt fühlten. Stella interessierte das Bedürfnis der Schatten nicht, denn sie wollte einfach nur weg. Der Berg vor ihr wurde mit jedem Schritt ein wenig größer. Umso näher sie ihm kam, umso eher hatte sie das Gefühl, als wollten sie all die vielen Schatten festhalten. Die Schatten griffen scheinbar nach ihr, doch sie konnten Stella nur berühren und nicht halten. Angekommen am Fuß des Berges, erkannte sie einen Weg der sich spiralförmig um den Berg nach oben zog. Nachdem sie noch einmal tief durchgeatmet hatte, rannte sie wieder los. Es war ein scheinbar unendlich langer Weg nach oben, der vor ihr lag. Sie wollte einfach nur den Schatten entkommen und so nahm sie auch diese Strapazen auf sich. Sie rannte und rannte, so als würde es um ihr Leben gehen. Der Weg nach oben zog sich sehr lange hin und als sie endlich oben ankam, schnappte sie nur noch nach Luft. Nachdem sie sich ein wenig erholt hatte, schaute sie sich das erste Mal genau um. Im Himmel entdeckte sie sofort etwas sehr helles. War das die Sonne? Nein, es waren unzählige Sonnen. Große und kleine, sehr helle und auch dunklere Sonnen. Der ganze Himmel war bedeckt voll mit Sonnen, die das Licht spendeten und somit auch die Schatten in alle Richtungen warfen. Stella konnte es einfach nicht glauben, als sie nach unten schaute. Sie sah direkt auf den Wald und erkannte nun, dass die Bäume ein großes Schattenmuster auf den Boden warfen. So langsam wurde es ihr zu viel, denn was sie zu sehen bekam, konnte sie einfach nicht begreifen. Die vielen Bäume warfen zusammen einen großen Schatten auf den Boden, der die Form ihres Gesichtes hatte. Es war tatsächlich ihr Gesicht. Sie war fassungslos und sank nieder auf ihre Knie. Den Kopf hielt sie dabei in ihren Händen. Sie wollte einfach nichts mehr sehen. „Ich kann nicht mehr. Verdammt, ich gebe auf...", schrie sie so laut es ging heraus. Im gleichen Moment setzten sich die Sonnen in Bewegung. Es sah so aus, als würden sie sich nun zu einer einzigen riesigen Sonne vereinen. Die Schatten folgten der Sonne und formten sich dementsprechend auf dem Boden neu. Stella konnte noch nicht erkennen, was sie ihr nun zeigen wollten. Es dauerte einen Augenblick und dann schaute Stella auf ein unglaublich großes Herz. Es zeichnete sich über den gesamten Wald ab. Sie stand vorsichtig auf und spürte augenblicklich die Wärme in ihr wachsen. Mit der wohligen Wärme zog sich langsam ihre Trauer und ihre Angst in ihr zurück. Sie verstand nun worum es ging – um die Liebe. Sogleich machte sie sich auf den Weg zurück. Zurück in den Wald, um ihm das zu schenken, was auch er sich ersehnte – die/ihre Liebe.

22. Quelle der Seelen

Der kleine Theo lag an diesem Abend freiwillig und schon fertig umgezogen in seinem Bett. Er konnte es kaum erwarten, dass ihm sein Großvater eine Geschichte vorlesen würde. In diesem Sommer war Theo wieder für ganze drei Wochen bei seinen Großeltern, damit er seine Schulferien so richtig genießen konnte. Seine Eltern konnten sich in diesem Jahr keinen Urlaub leisten und so arbeiteten sie währenddessen wie gewohnt weiter. Theo hörte langsame Schritte auf sich zukommen. Es war sein Großvater, der mit einem Lächeln auf dem Gesicht den Raum betrat. Theo schaute voller Freude auf die Hände seines Großvaters und war ein wenig aufgeregt, als er das dicke Buch in ihnen erblickte. „Theo, mein kleiner Freund. Wartest du etwa schon auf mich?", fragte sein Großvater mit einem leichten Grinsen auf dem Gesicht. Theo nickte ein paar Mal und rutschte etwas weiter nach oben, in eine aufrechte Position. Nun saß Theo im Bett und wartete gespannt darauf, dass sein Großvater anfing zu lesen. „Entspann dich, mein kleiner Freund", sagte sein Großvater und deutete darauf hin, dass sich Theo wieder hinlegen sollte. Während es sich Theo wieder bequem machte, setzte sich sein Großvater vorsichtig auf die Bettkante. Danach schlug er das

Buch auf und fing sogleich an zu lesen:

„Eine alte Legende erzählt über die Quelle der Seelen, die sich irgendwo im Universum befinden soll. Vielleicht ist diese Quelle auch nicht irgendwo, sondern überall zugleich. Das weiß keiner so genau. Es wird erzählt, dass einst dort alles gleichzeitig begann und eines Tages auch dort wieder enden wird. Es wird erzählt, dass der erste Funken Leben, dem ersten Gedanken Gottes entsprang und sich daraus die Quelle der Seelen entwickelte. Jede Lebensform entsprang einst aus dieser Quelle und noch heute entfaltet sich das Leben in alle Richtungen des Universums. Es wird erzählt, dass sich inmitten dieser Quelle, ein großer Baum befinden soll – der Baum der Seelen. Es wachsen keine Früchte an dem Baum der Seelen und doch schenkt er jedem Leben die benötigte Nahrung. Seine Blätter bestehen aus purem Licht, welches die Quelle der Seelen zu einem lichterfüllten Ort macht. Noch niemand, der auch nur annähernd Menschenähnlich ist, hat die Quelle der Seelen jemals gesehen. Kein Mensch kann die Quelle der Seelen in ihrer Ganzheit begreifen, denn unser Verstand würde bei dem Versuch regelrecht zerbrechen. Somit bleibt sie für die Menschen eine Legende, von der noch heute erzählt wird und das, obwohl sie nicht in ihrer Ganzheit verstanden werden kann. Vielleicht verstehen Jene von uns die ganze Geschichte, die nach ihrem menschlichen Dasein wieder zurück zum Ursprung gelangen - zurück zur Quelle der Seelen?"

Theos Großvater klappte leise das Buch zu und zog noch ein wenig die Bettdecke über Theo, der bereits tief und fest schlief. Danach stand der Großvater auf und verließ leise den Raum. Er wusste, dass der kleine Theo eines Tages diese Geschichte seinen Kindern erzählen würde. Vielleicht nur, um ihnen die Angst zu nehmen – die Angst vor dem Tod, die in die Angst vor dem Leben führen kann.

23. Das siebte Ende

Samuel ist einer der letzten Überlebenden eines Verbundes, der sich selbst die „Waage des Seins" nennt. Zusammen mit einer handvoll Gefährten, sorgt er im Verborgenen bis heute, für das Gleichgewicht aller Dinge. Anders als gewöhnliche Menschen, hat er und seine Gefährten gelernt den menschlichen Körper sinnvoller zu nutzen, anstatt ihn unnötig zu vergiften. So war es ihnen stets möglich, ihren Körper bis in ein sehr hohes Alter zu nutzen. Neben ihm befinden sich nur noch fünf weitere Gefährten in der „Waage des Seins". Unauffällig leben sie über die ganze Erde verteilt und beobachten im Stillen das Geschehen. In jüngster Zeit überschlugen sich die Geschehnisse, wofür ganz sicher die Technologie mit verantwortlich war. Was früher der Mensch erst in vielen Jahren schaffte, schafft er heute mit der Hilfe von Maschinen, um ein vielfaches schneller. Auf den ersten Blick mag dies erstrebenswert klingen, doch näher betrachtet ist die Menschheit dabei sich in diesem Tempo selbst zu vernichten. Viel schlimmer sogar – die Menschheit ist dabei sich selbst und auch die Erde zu vergiften. An solch einem kritischen Punkt tritt ihr Verbund in Aktion. Das war bereits früher schon so und daher sprechen die heutigen Mitglieder auch vom dem siebten Ende. Immer wenn die Balance der Erde zu kippen drohte, hat die „Waage des Seins" dafür gesorgt, dass das Gleichgewicht wieder hergestellt wurde. An erster Stelle stand immer der Erhalt der Erde, denn wenn sie sich wieder erholen kann, ist auch zugleich der Raum für neues Leben gesichert. So kam es, dass die „Waage des Seins" bisher schon sechs Mal dafür sorgen musste, dass das Gleichgewicht wieder hergestellt wurde. Dabei gehen sie immer gleich vor, indem sie die Erdpole vertauschen und die Erde für eine gewisse Zeit auf Eis legen. Viele, der den Menschen noch heute bekannten Kulturen verschwanden auf diese Art und Weise. Scheinbar spurlos und scheinbar von Heute auf Morgen. Der Verbund trifft sich noch in dieser Woche, um über ein mögliches Eingreifen zu sprechen. In der heutigen Zeit ist es ein Leichtes für sie, sich untereinander zu verständigen und sich gegenseitig Zeichen zu geben. Für gewöhnlich treffen sie sich an einem abgeschiedenen- und geheimen Ort, der sehr gut vor der Zivilisation im Verborgenen liegt. So wird es auch dieses Mal sein und hoffentlich ist es nicht so tragisch, wie es auf den ersten Blick aussieht – in der Hoffnung, dass dem Menschen noch Zeit bleibt, um ganz alleine das Gleichgewicht der Dinge wieder herzustellen.

24. Erbin des Lichts

Auf einem weit, weit entfernten Planeten – jenseits unserer Galaxie, lebte einst ein junges Mädchen namens Amida. Schon in jungen Jahren wusste sie, dass sie irgendwann in ihrem Leben eine Kandidatin für das sogenannte Erbe sein würde. Sie wurde in eine Familie hineingeboren, in der das Erbe bislang so gut wie immer weitergegeben wurde. Diese Tatsache machte die Last auf ihren Schultern sehr groß, obwohl es ihr noch so fern erschien. Einerseits fühlte sie sich geehrt, andererseits bereitete ihr der Gedanke an das Erbe schon jetzt ein wenig Angst. Sie plagte oft die Angst davor zu versagen, was zwar noch nicht sehr oft in ihrer Familie vorgekommen war, doch immerhin kam es bereits vor. Inmitten eines kleinen Dorfes wuchs sie ihr ganzes Leben lang auf, behütet von den auserwählten Hütern des Lichts. Auf Plexa, dem größten Planeten in ihrem Sonnensystem, existierte an einem gewöhnlichen Tag, viel mehr Tageslicht als Dunkelheit. Ein Tag auf Plexa, entsprach in etwa einem Lichtbogen, gezogen durch zwei Sonnen, die sich in der Mitte des Tages übereinander befanden. Die Nacht hingegen entsprach nur einen Viertel des Tages. Es gab auf Plexa zudem nur einen sehr kurzen Winter, den alle den weißen Bogen nannten.

Umgerechnet zur Sommerzeit, betrug der Winter nur sieben Tage. Der Winter auf Plexa war nur so kurz, weil sich zu dieser Zeit ein weiterer lichterfüllter Planet vor die Sonne platzierte. Dabei spielte es keine Rolle, an welchem Ort man sich auf Plexa befand. Dieser Zyklus umfasste den gesamten Planeten, der in seiner Gesamtheit nicht ganz rund war, sondern sich vielmehr an zwei Enden eiförmig ausdehnte. Die junge Amida führte zur Zeit ein sehr ruhiges Leben. Sie half ihrer Familie so gut es ging und besuchte bis zuletzt die traditionelle Schule der Erleuchtung. Mit ihrem Alter wuchs auch ihre Bereitschaft, sich an dem Wohl aller Bewohner zu beteiligen. Die Schule hatte sie bereits vor einem Jahr erfolgreich abgeschlossen und ging seitdem jeden Tag auf die Felder, um für die Ernten zu sorgen. Die Natur auf Plexa wurde als das Allerheiligste angesehen, denn jedem war bewusst, dass ohne die Natur kein Überleben möglich sein würde. Amida sorgte auf den Feldern für einen heilsamen und unterstützenden Lichtstrom, der den Pflanzen bei ihrem Wachstum zusätzlich half. Durch genügend Licht, Liebe und Fürsorge, wuchsen die Pflanzen bis zu 50% schneller und wurden bis zu 70% größer. Amida liebte ihre fürsorgliche Berufung sehr. Niemand in ihrer Familie konnte ihr genau voraussagen, wann ihre Prüfung stattfinden würde, doch an diesem Morgen konnte sie bereits deutlich fühlen, dass etwas anders war. Ein tiefes Gefühl der Liebe und Verantwortung machte sich in ihr breit. Amida versuchte den Tag wie gewohnt anzugehen, auch wenn es ihr heute ein wenig schwerer fiel. Gerade als sie ihre wundervoll eingerichtete Wohnhütte verlassen- und sich auf den Weg zu den Feldern machen wollte, betrat ihre Mutter, die mit hellem Stoff ausgekleidete Hütte. „Hallo mein junges Licht, wie mir eben erst verkündet wurde, ist heute dein ganz besonderer Tag. Ich führe dich nun an den Ort, der dir das zu geben vermag, was du verdient hast und hoffentlich mit deiner ganzen Liebe behüten wirst?", sagte sie zu ihrer Tochter, während sie sie behutsam an ihre Hand nahm. Amida folgte schweigend ihrer Mutter durch das ganze Dorf. Sie wusste wohin es geht – zum heiligen Tempel des Lichts. An diesem wundervollen, mit Pflanzen behangenen und lichterfüllten Ort, wurde das Erbe immer weitergegeben. Amida selbst war noch bei keinem Ritual dabei gewesen, denn nur Auserwählte durften diesem beiwohnen. Sie gingen einen Berg hinauf, durch einen kleinen und doch dicht bewachsenen Wald. Durch diesen Wald wurde der Tempel geschützt, so das von unten Niemand sehen konnte, was oben geschah. Als Amida mit ihrer Mutter oben ankam, stockte ihr der Atem. Zum ersten Mal sah sie den Tempel mit ihren eigenen Augen. Er war viel kleiner als sie ihn sich vorgestellt hatte. Amida schaute auf drei, ihr gut bekannte Gesichter. Sie wurde von ihrem Vater, ihrem Großvater und ihrer Großmutter, liebevoll und doch völlig stumm begrüßt. Amida verbeugte sich höflich und spürte wie ihre innere Anspannung minütlich wuchs. In der Mitte des Tempels befand sich ein beeindruckender Thron, der völlig aus Stein war. Auf diesen Thron sollte sich Amida jetzt setzen. Zwischen den Säulen, die kreisförmig das Dach des Tempels stützten, hingen große, wundervoll anzusehende Schalen. Amidas Großvater ging langsam die Schalen ab und zündete überall das Gras an, welches sich in ihnen befand. Ein angenehmer und beruhigender Duft, breitete sich langsam im Tempel aus. Amidas Vater trat hinter den Thron, über den er von dort aus ohne weiteres hinweg schauen konnte und legte vorsichtig von hinten seine Hände auf Amidas Schultern. „Bitte schließe deine Augen und entspanne dich", sagte ihre Großmutter. Es fiel Amida in diesem Moment ein wenig schwer sich einfach so hinzugeben, doch der Duft der sich immer noch ausbreitete, half ihr dabei. Amida schloss ihre Augen und wartete...

25. Der erste Tag

Mit geschlossenen Augen nahm Amida den aus den Schalen verströmenden Duft, noch viel intensiver wahr. Sie hatte ihre Augen weiterhin geschlossen und richtete ihre Aufmerksamkeit vollkommen nach Außen. Sie lauschte neugierig dem Geschehen und war innerlich noch recht angespannt. „Kehre deine Sinne nach Innen", flüsterte ihr Vater ihr leise zu. Sie versuchte ihre Aufmerksamkeit vollkommen auf sich selbst zu richten. Sofort nahm sie ihren Körper anders wahr, der nun überall leicht kribbelte. Sie atmete augenblicklich viel tiefer und ruhiger, und merkte wie sie sich selbst langsam in ihrem eigenen Bewusstsein verlor. Es schien ihr so, als würde sie zwischen zwei Welten hin und her gerissen. Ein Teil von ihr war immer noch wach und der andere Teil von ihr, war bereits ganz weit woanders. Vor ihrem geistigen Auge tauchten immer mehr Bilder auf. Noch konnte sie nicht genau erkennen, was sie zu sehen bekam. Erst als sie sich ganz hingab, wurde das Bild allmählich klarer. Amida schaute auf ein ihr unbeschreibliches Geschöpf. So etwas, oder so etwas ähnliches, hatte sie noch nie gesehen. „Da es sich bewegt, muss es leben", dachte sie sich. Das Geschöpf hatte sehr viele Arme und Beine, und so genau konnte sie nicht sagen, wo oben und unten war. Das unbekannte Geschöpf bewegte sich in der Schwerelosigkeit. Es bewegte und drehte sich ständig ein wenig. In einer der vielen Händen, schien das Geschöpf etwas zu halten. Was es war, konnte sie nicht erkennen. Es war um einiges heller als der Rest des Geschöpfes. Auf den ersten Blick sah es fast so aus, wie eine kleine Sonne, die sich in diesem Moment aus der Hand löste. Die kleine Sonne schwebte lautlos nach oben, immer weiter weg von dem unbekannten Geschöpf. Ihr Fokus richtete sich völlig auf die kleine Sonne. Amida wusste irgendwann nicht mehr, ob die Sonne weiterhin nach oben schwebte, da sie nun nichts mehr, bis auf die kleine Sonne sah. Die kleine Sonne wurde langsam immer kleiner und daran machte Amida aus, dass sie sich von ihr weg bewegen würde. Der obere Bereich in ihrem Blickfeld wurde nun noch etwas heller. Die kleine Sonne schien genau in diese Richtung zu schweben. Plötzlich und völlig überraschend, sah sie eine riesige Sonne vor sich, auf die die kleine Sonne völlig lautlos zusteuerte. Es dauerte nicht lange, bis die kleine Sonne die größere Sonne erreichte. Was darauf folgte, verschlug Amida förmlich den Atem. In dem Augenblick als die kleinere Sonne die größere berührte, zog sich die größere Sonne zu einem winzigen hellen Punkt zusammen. Ein leichtes Flimmern war um den Punkt herum zu erkennen, welches sich kreisförmig drehte. Eine ganze Weile lang geschah nichts, doch dann... Ohne ein Geräusch von sich zu geben, blitzte es auf. So hell, dass Amida das Gefühl hatte, dass ihr gleich die Augen verbrennen. Amida sah nur noch das Licht. Überall war es einfach nur noch weiß um sie herum. Teilweise floss es in ein helles Gelb hinüber. Die Helligkeit zog sich langsam wieder zurück zu ihrem Ursprungsort, dem Punkt in der Mitte. Amida beobachtete staunend diesen Vorgang und sah wie sich alles wieder zu einer größeren Sonne formte. Aus dieser Sonne lösten sich in unterschiedlichen Abständen und in alle Richtungen verteilend, weitere kleinere Sonnen. Unzählige kleinere Sonnen verließen die große Sonne, bis plötzlich nichts mehr geschah. Amida schaute eine ganze Weile auf die große Sonne, die nun regungslos vor ihr glühte, bis die große Sonne plötzlich anfing zu zittern und sich ein wenig zu drehen. Es erschien ihr so, als würde sie sich ein wenig zusammenziehen und langsam verglühen. Die große Sonne wurde immer dunkler und kleiner. Amida konnte gut erkennen, wie langsam das Leben aus ihr wich. „Was geschieht hier?", dachte sie sich in diesem Moment. Kaum hatte sie darüber nachgedacht, wurde die Sonne noch ein letztes Mal richtig hell, bevor sie in Millionen Stücke zersprang. „Das Universum wurde geboren", dachte sich Amida. Viele der Sonnenbrocken zogen langsam an ihr vorbei und Einer von ihnen steuerte genau auf sie zu. Langsam änderte sich seine Form, die Amida nur zu gut kannte. Es war ihr Heimatplanet, den sie ab dem heutigen Tag besonders gut beschützen würde. Amida spürte wie ihr Bewusstsein an ihr zerrte und sie wieder zwischen die Welten brachte. Für eine kurze Weile wechselte sie wieder zwischen dem Traum- und dem Wachzustand, bis sie ihre Augen öffnete und in bekannte Gesichter schaute – in die Gesichter ihrer geliebten Familie. Ihr Vater stand bereits wartend vor ihr. „Nun hast du gesehen, dass aus einer Sonne unzählig viele neue Sonnen geboren werden können. Dein Weg ist der Weg des Lichts, um so weitere Sonnen erschaffen zu können", sagte ihr Vater mit einer sehr ruhigen Stimme. Amida hatte erkannt, dass sie selbst eine strahlende Sonne war, die viele um sich herum erreichen würde. Dieser Ehre wollte sie ab dem heutigen Tag besonders gut nachkommen und Jene noch weiter ins Licht führen, die sich auf dunkleren Wegen befinden.

26. Ein Meer aus Lügen

Der Seegang war an diesem Tag auffällig ruhig. Die Sonne schien in ihrem glänzenden Kleid und den Himmel verzierten nur vereinzelt ein paar Wolken. Kapitän Coin stand auf seiner Brücke und schaute seit einigen Minuten regungslos aufs Wasser. Seit nun mehr als 15 Jahren, war er bereits auf dem Meer unterwegs und jederzeit dazu bereit, sich das zu nehmen was er wollte. In seiner Laufzeit als Pirat war er nicht immer so hart und gnadenlos dem anderen Leben gegenüber gewesen, was ihm auch einst den Spitznamen „Coin" einbrachte. Manchmal war er sehr sentimental und an solchen Tagen wirkte er entsprechend weich auf seine Crew. Kapitän Coin hatte zwei Seiten, so wie eine Münze. Eine Seite von ihm war knall hart und die Andere eher zärtlich, und sanft. Alles fing vor 15 Jahren damit an, als ihm von Piraten alles genommen wurde, was er zu diesem Zeitpunkt besaß. Sein größter Reichtum wurde ihm förmlich entrissen, indem ihm sogar seine Frau und seine zwei Söhne genommen wurden. Sie wurden einfach vor seinen Augen getötet, obwohl er bereit war, sein ganzes Gut und Haben, ohne Widerstand den Piraten zu überlassen. Die Piraten nahmen sich an jenem Tag einfach alles was sie kriegen konnten und waren wieder so schnell weg, wie sie kamen. Kapitän Coin hatte dieses schreckliche Erlebnis bis heute nicht richtig verarbeitet. Er war regelrecht in der Vergangenheit gefangen und davon besessen sich irgendwann an ihnen zu rächen. Sein einziges Ziel war es, diese Piraten zu finden und sie für ihre Taten büßen zu lassen. Jeder der ihm nun in die Quere kam, bekam seinen Zorn und seinen Hass deutlich zu spüren. Seit über 15 Jahren lebte er nun mit dieser Einstellung und so wurde der Kapitän selbst zu dem, was er zuvor so abgrundtief hasste. So wie er jetzt handelte, war er kein Stück besser als die Piraten, die ihm einst all das antaten. Das wollte er nicht hören und wenn es sich jemand wagte auszusprechen, wurde er gnadenlos beseitigt. Der Schmerz in ihm wuchs mit jedem Tag und mit dem Schmerz sein Hass, der ihn noch zusätzlich antrieb. Am Horizont tauchte ein kleines Handelsschiff auf, was den Kapitän sofort aus seinen Gedanken riss. Er beobachtete es sofort ganz genau und gab seinen Männern den Befehl, sich auf einen Angriff vorzubereiten. Als das Handelsschiff die Piraten entdeckte, versuchte es noch den Kurs zu ändern, doch dafür schien es bereits zu spät. Die Besatzung des Handelsschiffes ergab sich ohne Widerstand, so dass Kapitän Coins Mannschaft ohne Probleme an Bord konnte. Der Kapitän betrachtete diesen Vorgang wie gewohnt als erstes aus der Ferne und entschloss sich dann, auch an Bord zu gehen. Hätte er gewusst wer ihn dort erwartet, hätte er es sich sicherlich anders überlegt. Vor ihm standen 10 Männer mit erhobenen Armen und einer von ihnen schien sich nicht an die vorgegebenen Regeln der Piraten zu halten. Er stand einfach inmitten der anderen Männer, mit angelehnten Armen und den Blick nach unten gerichtet. Der Kapitän ging auf diesen Mann zu und deutete an, dass er in sein Gesicht schauen möchte. Der Mann hob langsam seinen Kopf. Kapitän Coin machte einen Schritt zurück, denn es war ein ihm vertrautes Gesicht. „Das hast du wohl nicht erwartet, Kapitän?", fragte die Frau auf die er nun schaute. Sie hatte ihre blonden, leicht ins rötlich gehenden Haare, zu einem Zopf zusammengebunden. Es dauerte nicht lange, bis alle den Kapitän fragend anschauten. „Du hier?", fragte er kurz. „Endlich begegne ich dir noch einmal. Du kannst dir gar nicht vorstellen, wie lange ich auf diesen Moment gewartet habe", gab sie ihm zur Antwort. Seine ganze Crew, wie auch die Männer mit erhobenen Armen, warteten gespannt auf die Antwort des Kapitäns. „Was willst du von mir?", fragte er. „Weniger als du dir vielleicht vorstellen kannst", antwortete sie frech. „Was willst du, verdammt?", fragte er noch einmal nach. „Ich möchte mit dir über das Meer der Lügen sprechen, über das du nun schon so lange segelst", sagte sie zu ihm. Er verstummte und wirkte plötzlich sehr nachdenklich. „In Ordnung. Wir gehen auf mein Schiff und meine Männer bleiben solange hier an Bord", sagte der Kapitän. Er drehte sich schlagartig um und ging mit ihr gemeinsam über die vorhandenen Planken, zurück auf sein Schiff. „Was willst du von mir, Carmen?", fragte er sie, als sie alleine waren. „Was glaubst du wohl? Höre dir bitte einfach nur an, was ich dir zu sagen habe, mein Vater", sagte sie. Kapitän Coin schwieg und schaute für einen Moment lang auf den Boden. Carmen fing ohne zu zögern an, über das zu erzählen, was sie schon so lange verfolgte. „Was glaubst du eigentlich, wie oft ich mich gefragt habe, warum du mich in deiner Geschichte verschweigst. Bin ich dir nicht gut genug, oder könntest du dich dann selbst nicht mehr so bemitleiden? Jedem erzählst du deine kleine traurige Geschichte, damit du dir selbst gegenüber rechtfertigen kannst, was du nun tust. Ja, du bist nicht besser als die Männer, die uns das damals antaten. Merkst du gar nicht, dass du selbst zu dem geworden bist, was du am meisten hasst? Merkst du nicht, dass du nur noch in deinem eigenen Meer aus Lügen schwimmst?", fragte sie ihren Vater. Schweigend ging er kreisförmig vor ihr hin und her. Carmen schaute ihn fragend an, doch der Augenkontakt blieb weiterhin aus. Sie fuhr fort: „Glaubst du, dass dich Rache dort hin bringt, wohin du möchtest? Denkst du ernsthaft, es würde sich etwas ändern?" Ihr Vater schwieg weiterhin. „Vater, ich bitte dich – sei bitte vernünftig und verursache nicht noch mehr Leid, indem du unschuldige Menschen mit in deine Geschichte ziehst", sagte Carmen. Ihr Vater schaute sie an und das erste Mal blickten sie sich direkt in die Augen. „Was soll ich deiner Meinung nach tun?", fragte er sie fast schon hilflos. Auf Carmens Gesicht zeichnete sich ein leichtes Lächeln ab. Sie war einfach froh darüber, dass ihr Vater auf sie reagierte. „Komm einfach wieder zurück und führe ein friedliches Leben. So ein Leben, wie wir es damals zusammen führten", antwortete sie. „Das kann ich nicht! Wie stellst du dir das denn vor? Du weißt doch, was ich alles getan habe. Ich bin nicht mehr der, der ich einst war", gab er seiner Tochter zu wissen. „Das ist mir bewusst. Du bist nun ein Anderer, doch du kannst auch wieder der andere Mensch werden, den ich so vermisse", sagte sie zu ihm. „Glaubst du, dass ich einfach so wieder zurück kann? Sie werden mich ohne Gnade bestrafen, für meine Schandtaten", sagte er ein wenig verärgert. „Nein, ich meinte nicht, dass du zu dem Ort zurück kehrst, wo einst alles endete. Nein, ich meinte einen anderen Ort, an dem uns niemand kennt. Es ist möglich, wenn du nur willst", sagte sie. Kapitän Coin überlegte eine Weile, bis er antwortete. „Gib mir etwas Zeit, damit ich in Ruhe über alles nachdenken kann. Ich werde es dich auf dem Festland wissen lassen, wie ich mich entschieden habe. Doch nun geh bitte zurück auf dein Schiff und zu deiner Mannschaft. Wir werden euch unbeschadet ziehen lassen", sagte er zu Carmen. Beide gingen zurück auf das Handelsschiff, auf dem immer noch alle auf den nächsten Schritt warteten. „Wir lassen sie weiterziehen", schrie der Kapitän seinen Männern zu. „Aber, was soll....", fragte einer seiner Männer, doch der Kapitän unterbrach ihn bevor er den ganzen Satz aussprechen konnte. „Wir lassen sie weiterziehen, sagte ich", wiederholte er nicht mehr ganz so freundlich. Der Kapitän schaute noch eine Weile seiner Tochter hinterher. Er dachte nach, doch er wusste bereits jetzt, dass sein Schmerz größer war als seine Vernunft. Es war noch nicht die Zeit, um wieder einen Schritt zurück zu wagen. So wartete seine Tochter eine ganze Weile, in der Hoffnung von ihm zu hören, doch es erreichte sie nie eine Nachricht. Nur neue Nachrichten darüber, dass Kapitän Coin wieder zugeschlagen hatte.

27. Prinzessin sucht Prinzen

Es war ein wundervoller Tag, an dem die junge Prinzessin schon früher als gewöhnlich aufwachte. Wie immer stellte sie sich als erstes vor den Spiegel, um ihre Schönheit zu betrachten. Prinzessin Isabel hatte langes blondes Haar, was sie sehr gerne offen trug. Ihre blauen Augen strahlten förmlich in ihrem zarten Gesicht. Prinzessin Isabel hatte ihr Schlafgemach im obersten Turmbereich. Sie hatte es sich selbst so gewünscht, damit sie schon früh am Morgen den Sonnenaufgang beobachten konnte. Dies tat sie auch an diesem schönen Morgen. Während sie in die Ferne schaute und das Farbenspiel der Sonne genoss, dachte sie über ihren ersehnten Prinzen nach. Nun, besser gesagt über einen Prinzen, den sie gerne an ihrer Seite hätte. Sie wusste selbst nicht mehr, wie lange sie schon Ausschau nach ihrem liebsten Prinzen hielt. Nicht das es keine freien und gut aussehenden Prinzen gegeben hätte. Dennoch waren diese bisher alle nicht so, wie es Prinzessin Isabel für angebracht hielt. So vergingen die Jahre der verzweifelten Suche, in der Hoffnung, dass irgendwann der Richtige auftauchen würde. Mit diesen schweren Gedanken schleppte sie sich heute ein wenig die Treppe hinab, bis hinunter in den Speisesaal. Sie setzte sich gleich an den großen Tisch und nicht viel später erschien die Magd. Die Magd kam auf sie zu und machte ein Knicks vor ihr. „Sind sie neu bei uns?", fragte die Prinzessin. „Ja, meine Herrin. Ihr Vater hat mir erst gestern die Chance geschenkt, ihnen das Leben leichter machen zu dürfen", antwortete sie freundlich. „Sehr schön, sie Liebe. Verraten sie mir doch bitte ihren Namen und bring sie mir danach das Frühstück", sagte Isabel. „Ich heiße Irena, Herrin", sagte sie und machte sich sogleich auf den Weg. Nicht viel später kam sie zurück und servierte der Prinzessin ihr erwünschtes Frühstück. „Kann ich sonst noch etwas für sie tun, Herrin?", fragte sie freundlich. „Nein, dass wäre erst einmal alles", antwortete Prinzessin Isabel. „Doch, da wäre noch etwas. Vielleicht haben sie ja einen Prinzen für mich?", ergänzte sie noch lachend. Irena wirkte ein wenig verwirrt und schaute verlegen auf den Boden. „Machen sie sich keine Gedanken, sie Liebe. Das war nur ein kleiner Scherz", sagte Isabel. Irena nickte kurz und zog sich zurück. Prinzessin Isabel konnte ihr Frühstück an diesem Morgen nicht so genießen wie üblich. Noch immer dachte sie über ihr persönliches Unglück nach, einfach nicht den passenden Prinzen zu finden. Dies bekam auch Irena mit und setzte sich ein wenig später unaufgefordert zu der Prinzessin. Isabel schaute ein wenig erstaunt, denn so etwas hatte sie noch nie zuvor erlebt. Für einen Augenblick lang kam eine kleine Welle der Wut in ihr hoch. Die Prinzessin bremste sich und wurde plötzlich neugierig. „Was machen sie da?", fragte sie. „Ich habe das Gefühl, als wollten sie etwas loswerden", sagte Irena. Die Prinzessin schaute sie erstaunt an. Ist es das, was sie wirklich wollte, fragte sich die Prinzessin. „Das kann schon sein. Doch verraten sie mir bitte, warum ich mein Leid ausgerechnet ihnen kundtun sollte?", fragte sie Irena. „Glauben sie an das Schicksal und die Bestimmung, Herrin?", fragte sie die Prinzessin. „Ja, dass tue ich", gab sie knapp zur Antwort. „Dann muss es auch einen Grund geben, warum ich zu ihnen finden durfte, Herrin", sagte Irena. Prinzessin Isabel war ein wenig verblüfft. „War es wirklich Gottes Wille, sich mit einer Magd über ihre Probleme zu unterhalten?", fragte sie sich. Beide schauten sich tief in die Augen, als Prinzessin Isabel plötzlich anfing über ihr Leid zu klagen. „Seit einer gefühlten Ewigkeit suche ich nach einem passenden Prinzen für mich, doch Gottes Glück scheint nicht mit mir zu sein. Alle Prinzen die ich bisher traf, waren rau und ungehobelt. Sie wissen zwar wie man ein Tier erlegt, doch nicht wie man mit einer Prinzessin umzugehen hat. Sie waren alle recht grob und kannten die Zärtlichkeit sicherlich nur aus Erzählungen", sagte die Prinzessin. Die Magd Irena schluckte und schaute die Prinzessin einfach nur an. „Fällt ihnen nichts dazu ein?", fragte die Prinzessin. „Herrin, bitte verzeiht mir meine Meinung, doch ich befürchte ihr sucht euch selbst – eine Prinzessin", antwortet Irena. Prinzessin Isabel stand wütend auf. „Wie können sie es wagen, so etwas zu behaupten? Verlassen sie sofort den Raum.", sagte die Prinzessin voller Wut. Die Magd verließ sichtlich bedrückt und voller Scham den Raum. Sie befürchtete, dass sie nun ihre Stelle als Magd verloren hatte. Die Prinzessin ging derweil hoch in ihr Zimmer und stellte sich noch einmal vor ihren Spiegel. Sie schaute sich genau an und fühlte tief im Inneren, dass die Magd richtig gelegen hatte. „Ich suchte stets mich und verlangte das mein Prinz so ist, wie ich selbst es bin. Wieso erkenne ich das erst jetzt?", fragte sie sich erstaunt. Es war Isabels erster Tag, in einem neuen Leben und es dauerte gar nicht mehr so lange, bis sie ihren ersehnten Prinzen fand. Alles erschien ihr plötzlich so leicht, denn ihre Ansprüche waren nicht mehr so hoch, wie noch zuvor. Die Magd Irena, ist noch heute eine treue Dienerin der Prinzessin und beide reden sehr oft über das Leben. Immer dann, wenn Isabels geliebter Prinz gerade wieder unterwegs ist.

28. Was ich von dir will

Mark war es einfach satt. Er kämpfte nun schon so lange in seinem Leben. Für seinen Geschmack schon viel zu lange. „Wofür eigentlich das Ganze?", hatte er sich die letzte Zeit sehr oft gefragt. Er konnte es einfach nicht begreifen, dass ihm all das ständig passieren musste. Er kam sich so vor, als sei er der größte Pechvogel auf Erden. Heute war wieder so ein Tag, an dem nichts zu laufen schien. Alles ging einfach daneben. Aber auch wirklich alles. Egal was er anfasste, es ging schief. Dabei spielte es keine Rolle, ob es um einen einfachen Einkauf ging, oder um wichtigere Angelegenheiten. Am Ende war er immer der Pechvogel. So Mancher auf seinem Weg, hatte zu ihm gesagt, dass er längst seinen Glauben verloren hätte. Ja, den Glauben an Gott, hatte er in der Tat schon vor Jahren verloren. „Wie soll ich auch weiterhin an Gott glauben, obwohl er mich schon so oft durch die Hölle schickte?", fragte er sich selbst. Mark war mittlerweile 49 Jahre alt und alleine die Vorstellung an diese Zahl, ließ ihn innerlich erschaudern. „Was habe ich schon in meinem Leben erreicht?", fragte er sich sehr oft. Im selbst Bemitleiden, war er mittlerweile schon so etwas wie ein Profi geworden. Er selbst bekam es kaum noch mit, denn er steckte schon viel zu tief in seinem eigenen Sumpf. Seine Freunde hatten ihn oft darauf hingewiesen, in der Hoffnung er würde wieder aus seinem Selbstmitleid finden. Zumindest in der Zeit, als er noch Freunde hatte. Dies war nun auch vorbei, denn wirklich Jeder hat ihm den Rücken zugewandt. Seiner Meinung nach, immer genau dann, wenn er sie am meisten gebraucht hatte. Allen voran verurteilte er allerdings am liebsten Gott. Ja, es war wieder so ein Tag, an dem auch alles schief ging. Das bekam Mark heute schon ganz früh zu spüren, als der Wecker nicht wie geplant klingelte. Der Wecker war erst gar nicht angegangen, obwohl er schwören konnte, dass er ihn vor dem Schlafengehen angestellt hatte. Zu seinem Trost würde er nur 20 Minuten zu spät kommen, was ihm nicht ganz so schlimm erschien. An diesem Morgen war natürlich auch wieder das Wasser abgestellt. Seit über drei Wochen bastelten nun schon die Handwerker im Mehrfamilienhaus herum und sie stellten natürlich immer genau dann das Wasser ab, wenn er es dringend brauchte. „Dann muss es wohl ohne zu duschen und vor allem ohne Kaffee gehen", dachte er sich. Der Verzicht auf den Kaffee ärgerte ihn ehrlich gesagt sogar ein wenig mehr. Als er seine Schuhe anzog, riss ihm gleich ein Schnürsenkel. Das war ihm jetzt auch egal und so machte er sich auf den Weg nach unten. Im Treppenhaus kamen ihm zwei Handwerker entgegen, die ihn höflich begrüßten. Mark kam sich ein wenig so vor, als würde er von ihnen ausgelacht. „Bestimmt weil sie wissen, dass ich unbedingt das Wasser brauchte", sagte er sich innerlich. Im Hof angekommen erkannte er sofort das nächste Hindernis. Ein Firmenfahrzeug stand direkt hinter seinem Wagen, so das er unmöglich hinausfahren konnte. Mark schaute sich um und konnte es kaum glauben. „25 Parkplätze und mindestens 5 davon sind frei und die Handwerker parken genau hinter mir?", fragte er sich selbst. Es half alles nichts. Wenn er heute noch auf der Arbeit ankommen wollte, dann musste er nun wieder ins Haus und die Handwerker suchen. Immerhin wusste er ungefähr wo sie sich aufhielten, denn er war ihnen ja schon begegnet. Mark rannte die Treppen hastig hoch, in der Hoffnung so noch etwas Zeit zu gewinnen. Oben angekommen, konnte er deutlich ihre Stimmen hören. Allerdings von unten. „Ach, verdammt", waren seine Gedanken, als er sich wieder auf den Weg nach unten machte. Er war völlig außer Atem, als er hastig den Keller betrat. Im Keller traf er auf zwei Monteure, die er gleich ansprach. „Können Sie bitte ihr Fahrzeug entfernen, welches genau hinter mir parkt?", fragte er so höflich es ging. „Kein Problem, dass wird gerade erledigt.

Ein Kollege ist schon auf dem Weg. Eben waren nicht genügend Parkplätze vorhanden und so..." Mark unterbrach ihn mitten im Satz, mit einem kurzen „danke" und verließ hastig den Keller. „Typisch! Hätte ich nur eine Minute gewartet, dann hätte ich mir das alles sparen können", dachte er sich. Als er sich mit seinem Auto endlich auf den Weg machte, durfte er sehr schnell feststellen, dass der Verkehr viel dichter war als sonst. Während er im Stau stand, schnappte er sich schnell sein Handy und rief seinen Boss an. Sein Boss war so ruhig wie immer und meinte nur, „dass dies ja mal vorkommen kann." Für einen kurzen Augenblick fühlte sich Mark richtig gut, doch schon sehr bald waren die Worte seines Bosses wieder vergessen. Er stand immer noch im Stau und wenn er weiterhin diese Route fahren würde, dann wäre er wohl nicht vor Mittag da. Mark entschloss sich zu drehen und einen anderen Weg zu nehmen. Dieser Weg war zwar ein Umweg, doch mit Sicherheit nicht so dicht befahren. Er drehte und fuhr entschlossen los. Eine freie Bahn und ein schnelles Vorankommen wurden ihm geschenkt. Er konnte sein Glück in diesem Moment kaum fassen. Der Weg führte durch viele verschiedene Straßen, quer durch die halbe Stadt. Mark bog von einer Straße in die Nächste ein, bis er plötzlich ein lautes Knacken hörte. Er schaute sich hastig um und erkannte eine Firma, die am Straßenrand Bäume fällte. Es wurde sehr schnell dunkler um ihn herum und Mark spürte noch einen heftigen Schlag auf sein Auto. Aufgeregt rannten Mitarbeiter der Firma durcheinander und Einige direkt auf Marks Wagen zu. Dies alles bekam Mark schon gar nicht mehr mit, denn er war längst durch den Aufschlag des Baumes ohnmächtig....

Stille und totale Dunkelheit. Plötzlich... Ein Licht in der Ferne. Erst ganz klein und langsam größer werdend. Stille... Mark wusste nicht wo er war. Er konnte sich noch an die letzten Sekunden erinnern, doch warum war er nun hier? „Bin ich tot?", fragte er sich selbst. „Nein, dass bist du nicht", sagte eine Stimme. Mark zuckte zusammen, denn er konnte niemanden erkennen. Er sah nur ein Licht. „Wo bin ich?", fragte er. „Zwischen den Welten, um eine Botschaft zu empfangen", sagte die Stimme. „Wer bist du und was willst du von mir?", fragte Mark. „Was ich von dir will?", wiederholte die Stimme. „Nichts! Ich will nichts von dir. Du hast nichts was du mir geben könntest, wo ich doch alles bin, was ist", antwortete die Stimme. Mark überlegte kurz und fragte dann: „Bist du etwa Gott?" „So werde ich gerne von euch Menschen genannt, doch andere Lebensformen nennen mich auch die Quelle, oder den Ursprung", antwortete die Stimme. „Warum bin ich hier?", fragte Mark. „Du hattest einen Unfall, der dir die Chance schenkte hier sein zu können", sagte die Stimme. „Welche Chance denn? Ich hatte bisher mein Leben lang immer Pech und nun soll ich Glück haben, und eine Chance geschenkt bekommen?", fragte Mark leicht entsetzt. „Du hattest sehr viel Glück, denn du hast den Unfall überlebt. Davon abgesehen bist du kein Pechvogel, so wie du dich gerne selber nennst", sagte die Stimme. „Ach nein? Was bin ich dann? Bei mir geht wirklich so gut wie alles schief. Wie würdest du das denn nennen?", fragte er leicht wütend. „Ich nenne es Projektion", antwortete die Stimme. Mark dachte nach und musste feststellen, dass er mit dieser Antwort nichts anfangen konnte. „Eine Projekwas bitte? Wie meinst du das? Ich verstehe dich nicht", fragte Mark. „Du erschaffst dir dein Pech selbst, indem du daran glaubst. Du warst nicht immer ein so genannter Pechvogel. Erst als du ein paar Mal nicht sofort das bekommen hast, was du dir vorgestellt hattest, hast du dich selbst zum Pechvogel ernannt. Doch in Wahrheit hat jeder Mensch Probleme zu bewältigen. Es sind Lernaufgaben, an denen ihr wachsen-, oder euch selbst zum Opfer machen könnt", sagte die Stimme. „Du meinst also, dass ich mir das alles selbst so zurechtgebogen habe?", fragte Mark leicht wütend. „Ja, irgendwann hast du daran geglaubt ein Pechvogel zu sein und seitdem tust du alles dafür, damit es auch so bleibt. Du hast dich längst mit dem Leben eines Pechvogels identifiziert und sogar damit angefreundet. Auch wenn du das jetzt nicht so gerne zugeben möchtest", antwortete die Stimme. „Was kann ich denn tun, damit das alles aufhört? Als wenn ich das alles so wollte!", fragte Mark. „Ändere deinen Glauben. Distanziere dich von dem Gedanken, dass du ein Pechvogel seist. Erkenne dich als Glückspilz und du wirst sehen, alles wird sich entsprechend in deinem Leben ausrichten", sagte die Stimme. Diese Antwort gefiel Mark sehr, obwohl einige seiner Freunde schon so etwas ähnliches zu ihm gesagt hatten. Immerhin hatte ihm dieses Mal Gott persönlich diesen Rat geschenkt. Gerade als Mark antworten wollte, zog sich das Licht wieder zurück und ehe er sich versah, wachte er auf. Er schaute erstaunt in das Gesicht eines Arztes. „Da haben Sie wirklich großes Glück gehabt", sagte der Arzt sogleich zu ihm. Mark schaute ihn an und lächelte. „Ja, ich weiß. Ich bin eben ein Glückspilz", antwortete Mark.

29. Manipulatori

In einer weit entfernten Galaxie, lebten einst die Forscher des Seins. Sie forschten in ihnen selbst und um sie herum. Sie forschten in ihrer Galaxie, sowie auch im restlichen Universum - nach all dem, was existiert. Alleine durch ihre Willenskraft konnten sie augenblicklich von einem Ort zum anderen reisen. Somit war es ihnen ein leichtes, bis in den letzten Winkel des Universums vorzudringen. Auf ihrer Suche nach dem was ist, stießen sie irgendwann auf das Phänomen der Spiegelung. Gerade als sie glaubten, dass sie an das Ende des Universums gelangt wären, fing das Universum einfach wieder von vorne an. Dabei spielte es keine Rolle, in welche Richtung des Universums gereist wurde, denn ab einem bestimmten Punkt spiegelte es sich einfach. Dieses Phänomen ist sich folgendermaßen vorzustellen. Ab einer bestimmten Grenze, dem so genannten Nullpunkt, spiegelt sich das gesamte Universum und wird somit genau andersherum wieder abgewickelt. Die Forscher konnten zudem feststellen, dass die Veränderung des Universums im ganzen Universum gleichzeitig geschieht. In jeder der vorhandenen Spiegelung und das augenblicklich. Wie oft sich die Spiegelung erneut spiegelte, konnten sie bislang noch nicht herausfinden, denn bei dem Versuch dies zu klären, wussten die Forscher nicht mehr in welcher Spiegelung sie sich letztendlich befanden. Zu Beginn hatten die Forscher große Angst, dass sie nie wieder den Ursprungsort ihrer Reise finden würden, doch wie sich später herausstellte, war ihre Angst unbegründet. Jede der vorhandenen Spiegelungen, ist ein korrektes Abbild und somit gelang es ihnen immer wieder in ihre Galaxie zurück zu reisen. Auf ihrem langen Weg durch das Universum sind sie auch auf die Erde gestoßen. Als sie die Menschen studierten, erkannten sie schnell ihre Probleme. Daher gaben die Forscher dem Menschen einen Namen, der ihrer Meinung nach sehr zutreffend war – „Manipulatori". So nannten sie alle Wesen, die sich dem widersetzten, was ist. Es war die Meinung der Forscher, dass die Manipulatori im Grunde das Leben selbst verneinten, indem sie jeden Augenblick ablehnten- und verändern wollten. Es schien ihnen so, als könnte das was wahrlich ist, nur in sehr wenigen Ausnahmefällen so angenommen werden, wie es tatsächlich war. Ein ständiger Kampf war zu beobachten, der sich meistens von Innen nach Außen übertrug. Dieses ungewöhnliche Verhalten, konnten die Forscher überall auf der Erde erkennen. Was sie am meisten wunderte war, dass die Menschen zwar den jetzigen Augenblick meistens ablehnten und stets verändern wollten, doch ihre Umwelt so behandelten, als wäre sie nichts wert. Es schien so, als wollten sie selbst das Lebenswichtige nicht verändern, was früher oder später dazu führen würde, dass die Manipulatori sich selbst in Bedrängnis bringen. Es könnte sogar dazu führen, dass sie sich selbst ganz vernichten, indem sie sich entweder selbst vergiften, oder sich in Kriegen gegenseitig auslöschen. Alles in Allem, schien die Spezies Namens Manipulatori, noch in den Anfängen der Entwicklung zu stecken und anscheinend nicht den Weitblick zu besitzen, um erkennen zu können, dass es so auf Dauer nicht weitergehen kann. Die Evolution wird sie irgendwann dazu zwingen, entweder für das Überleben zu sorgen, oder bei dem Kampf gegen das Leben, zu versagen. Wie sagen die Forscher des Seins so gerne - „es wird so sein, wie es sein kann..."

30. Das legendäre Artefakt

Auf diesen Augenblick hatte John sehr lange gewartet. Der Weg bis zur Fertigstellung seines Experimentes, war ein langer und nicht immer leichter Weg gewesen. Die letzten Jahre konnten ihm sehr viel schenken, denn die Technik entwickelte sich zu seinem Vorteil. Was früher unmöglich erschien, war heute möglich und so konnte er sein Gerät endlich fertigstellen. Alles fing bereits viel früher-, in einer noch scheinbar völlig anderen Welt an. Sein Großvater erzählte ihm einst die ganze Geschichte über das verlorene Artefakt. Das war das Einzige woran er sich noch erinnern konnte. Auch sein Vater gab ein Teil dieses Wissen an ihn weiter und wie sein Großvater, hat auch er ihn schon vor Jahren verlassen. John konnte sich nur noch an Bruchstücke erinnern, die ihn so nicht weiterbringen würden. Er war schon einmal auf dem richtigen Weg, dass Geheimnis um das legendäre Artefakt zu entschlüsseln, doch dann hatte er einen schlimmen Unfall, der ihm so gut wie alle Erinnerungen nahm. Er hatte es überlebt, doch eine lange Zeit kämpfte John mit seinem Leben. Es war sehr schlimm für ihn, all das Erarbeitete vergessen zu haben, was ihm zuvor noch soviel bedeutet hatte. Zu seinem Bedauern hatte er damals das Meiste nicht aufgeschrieben und nur gedanklich festgehalten. Mit der Zeit kamen kleine Erinnerungsstücke zurück und so wurden die Erinnerungen an das Artefakt immer deutlicher. Mit der Zeit wusste er wieder, wie bedeutend es für ihn war und das er es unbedingt finden wollte. Seine Erinnerungen waren zwar so gut wie ausgelöscht, doch in der Gegenwart war er so intelligent wie nie zuvor. Er kam irgendwann auf die Idee ein Gerät zu entwickeln, welches ihn in die Lage versetzen sollte, tief in seine eigenen Erinnerungen zu reisen. Würde er erst einmal tief in seinen Erinnerungen angekommen sein, so wollte er das Wissen, welches ihm sein Großvater und sein Vater vermittelte, erneut abrufen. Er war davon überzeugt, dass ihn lediglich eine innere Blockade von seinem begehrten Wissen abhielt. Es dauerte lange bis sein Gerät endlich in die Tiefen des Unterbewusstseins eindringen konnte, doch nun war es endlich soweit, es an sich selbst zu testen. John war sehr aufgeregt, denn sehr viel hing von diesem Moment ab. Er setzte sich in den vorbereiteten Stuhl. Danach setzte er sich die Haube auf den Kopf, die seine Hirnströme entsprechend beeinflussen würden, so dass er tiefer in seine verschollenen Erinnerungen eindringen konnte. Den Timer stellte er auf eine Stunde, damit er nicht für immer in seinen eigenen

Erinnerungen verloren ging, und rechtzeitig zurück geholt werden würde. Er leitete die Startsequenz ein, lehnte sich zurück und die Reise in seine eigenen verborgenen Erinnerungen begann.... Das erste was er sah, war Wasser. Er schaute sich sorgfältig um und erkannte schnell, dass er sich an einem Ort befand, der einer Oase sehr ähnelte. Einem Ort, voller Schönheit und voller Leben, inmitten der Wüste. Egal in welche Richtung er auch schaute, überall sah er nur Sand. Erst jetzt erblickte er die Schilder aus Holz, welche sich unmittelbar an der Oase befanden. Aus der Nähe konnte er erkennen, was auf ihnen geschrieben stand. Laut dem mittleren Schild, befand er sich an einem Ort Namens „Jetzt". Die beiden anderen Schilder waren mit „Zukunft" und „Vergangenheit" beschriftet. Als John in die Richtung der „Zukunft" ging, konnte er sehr schnell erkennen, dass dort nichts außer Sand zu finden war. „Die Zukunft ist hier wohl eine Wüste aus Möglichkeiten, die noch nicht geschrieben scheint", dachte er sich. Er drehte sich um und ging an der Oase vorbei, in die Richtung der „Vergangenheit". Eine ganze Zeit lang musste er durch die Wüste gehen, bis er vor einer riesigen Mauer stand. Er schaute links und rechts an der Mauer entlang und konnte keine Öffnung, oder Lücke in ihr finden, durch die er auf die andere

Seite hätte gelangen können. Über die Mauer klettern konnte er auch nicht, weil sie viel zu hoch war. „Dies ist also meine Blockade", stellte er ein wenig erstaunt fest. „Vielleicht finde ich ja etwas hilfreiches bei der Oase?", dachte er sich, während er schon zurück ging. Ein vertrautes Gefühl erreichte ihn plötzlich und er hielt inne. Langsam drehte er sich um und schaute die Mauer aus dieser Entfernung an. Plötzlich bekam er eine Idee. Er rannte so schnell es ging zurück zur Mauer und ließ sich auf seine Knie in den Sand fallen. Augenblicklich fing er mit bloßen Händen an zu graben. Es dauerte etwas, doch er schaffte es tatsächlich sich unter der Mauer hindurch zu graben. Vorsichtig schaute er auf der anderen Seite der Mauer aus dem gegrabenen Loch und konnte es kaum glauben, was er dort sah. Er schaute auf eine wundervoll bewachsene Wiese, auf der Blumen in allen Farben wuchsen. Für einen Moment lang kam es ihm so vor, als sei er im Paradies. Um ihn herum flogen wunderschöne Schmetterlinge, in allen möglichen Farben. In weiter Ferne konnte er einen Berg erkennen, auf dem ein Baum wuchs. Dieser Berg war sein Ziel und so ging er noch eine ganze Weile über die wundervoll bewachsene Wiese, bis er am Fuße des Berges ankam. Erst jetzt erkannte er die Größe des Baumes, die ihn regelrecht überwältigte. Er nahm den kleinen Pfad der nach oben führte, direkt vor den Baum. John schaute mit offenen Mund auf den großen Baum. Solch einen großen Baum hatte er noch nie zuvor gesehen. „Der muss unglaublich alt sein", dachte er sich. Zwischen den riesigen Wurzeln konnte er einen Durchgang erkennen, durch den er nun vorsichtig ging. Jetzt erkannte er die Stufen im Baum, die sich kreisförmig bis in die Krone des Baumes hinaufzogen. Stufe für Stufe ging er vorsichtig nach oben und auf halber Strecke, schaute er kurz nach unten. Es war bereits jetzt ein weiter Weg nach unten und was geschehen würde wenn er stürzte, wollte er sich gar nicht ausmalen. Er ging einfach weiter, den Blick stets nach vorne gerichtet, bis er in der Krone des Baumes ankam. Auf dieser Ebene war eine riesige Plattform aus Holz zu erkennen, die ihm ziemlich sicher vorkam. Er schaute sich in Ruhe um. Durch die großen Äste schimmerten die Sonnenstrahlen, die diesem Ort noch ein wenig mehr Magie schenkten. Er kam sich fast so vor, wie im Himmel. In der Mitte der Plattform stand ein kleines Podest und auf ihm eine kleine hölzerne Kiste. Sie war geschlossen und John wollte unbedingt wissen, was sich in ihr befindet. John legte seine rechte Hand auf die Kiste und fühlte eine angenehme Wärme aus ihr herausströmen.

Langsam öffnete er die Kiste, aus der nun ein wundervolles rotes Licht strömte. John schaute auf ein rot leuchtendes Herz, welches aus purem Kristall war. Vorsichtig nahm er es in seine Hände und spürte wie die Wärme des Herzens in ihn überfloss. Er spürte wie sich die Blockade in ihm auflöste und zur puren Liebe wurde. Endlich! Ersehnte Erinnerungen erreichten ihn wieder nach so langer Zeit. „Es ging immer um die Liebe", waren seine ersten Gedanken, nachdem ihn seine Erinnerungen wieder erreichten. „Das legendäre Artefakt ist der Beginn von Allem und der Beginn entstand durch die Liebe", erinnerte er sich. Die Worte seines Großvaters und seines Vaters erreichten ihn wieder. „Von der Liebe ging immer alles aus und sie existiert bis in alle Ewigkeit. Auch wenn es manchmal nicht so scheint, so verbirgt sich in der Tiefe immer die Liebe. Erinnere dich stets daran, dass das Juwel der Liebe auf ewig glüht. Auch dann, wenn du es nicht mehr fühlst. Das Juwel der Liebe wird dich wärmen, wenn du dich ihm gegenüber öffnest und es wird dir die Kraft schenken, die du benötigst", waren die Worte seines Großvaters. In ihm wuchs das Gefühl der Liebe mit jedem Augenblick. „Es ging immer um die Liebe", waren seine letzten Gedanken, bevor er sich auf den Rückweg seiner Reise begab.

31. Keine Zeit für die Geduld

Fast die Hälfte ihres Lebens, musste sich Pia von ihrer Mutter anhören, dass sie selbst für die Geduld keine Zeit hätte. Eine gewisse Zeit lang wollte Pia einfach nicht einsehen, dass sie sehr schnell ihre Geduld verlor. In ihrem Leben hatte sie bisher vieles begonnen und wenn es nicht gleich so lief wie erwartet, wurde es meistens abgebrochen. Vermutlich stand sie schon mehrfach vor dem erhofften Durchbruch, den sie sich in letzter Minute selbst zerstörte. Mittlerweile lief es ein wenig besser in ihrem Leben. Der Raum nach oben, bis sie letztendlich das Handtuch warf, war um einiges gestiegen. Doch es war eben immer noch nicht ganz optimal. Selbst mit ihrer Mutter hatte sie früher nicht die benötigte Geduld, was sie heute umso mehr bereut, denn letztes Jahr war ihre Mutter innerhalb kürzester Zeit verstorben. Einerseits empfand sie diesen kurzen Weg als Erlösung, andererseits machte sie sich jetzt große Vorwürfe, weil sie zuvor kaum für ihre Mutter dagewesen war. Sie hatte damals einfach nicht die benötigte Geduld aufbringen können, um ihre stundenlangen Gespräche zu ertragen. Pias Meinung nach, ging es zuletzt in ihren Gesprächen meistens nur noch um unsinnige Probleme und alle möglichen

Krankheiten. Das hatte sie auf Dauer einfach nicht mehr ertragen können und so wuchs die Distanz zwischen ihnen mit jedem Jahr. „Jetzt ist sie weg und jetzt habe ich nicht mehr die Möglichkeit, ihr zu sagen wie leid mir das alles tut", dachte Pia. Ihren Vater hatte sie nie kennengelernt, denn er verließ ihre Mutter, kurz nach Pias Geburt. Ihre Mutter hatte sie eine ganze Zeit lang vor der Wahrheit beschützen wollen, doch als Pia älter war, wollte sie endlich wissen wer ihr Vater war. Sie setzte sehr viel in Bewegung und konnte ihn irgendwann tatsächlich ausfindig machen. Der Versuch sich mit ihm zu versöhnen gelang ihr allerdings nicht. Er wollte nach so einer langen Zeit nichts mehr von ihr wissen und schickte sie einfach wieder fort. Obwohl sie zuvor nie mit ihrem Vater zu tun hatte, zerbrach es ihr Herz zutiefst. In Pias Leben lief es zur Zeit wirklich nicht besonders gut. Wie gewohnt baute sie sich etwas mit hohem Kraftaufwand auf und ließ es dann irgendwann einfach los, weil es nicht die gewünschten Resultate brachte. Sie schleppte sich irgendwie nur noch durch ihr Leben und verspürte kaum noch Hoffnung auf Besserung. Ihre letzte Beziehung zerbrach vor etwa sechs Wochen. Auch in diesem Bereich brachte sie einfach nicht genügend Geduld auf, um auf Dauer bestehen zu können. Ehrlich gesagt war es ihr momentan auch recht, denn sie hatte sehr viel mit ihrem eigenen Leben zu kämpfen. Seit ein paar Wochen fühlte sie sich nur noch müde und schlapp, und freute sich meistens schon Morgens darauf, den Tag am Abend endlich hinter sich lassen zu können. Ihren Job machte sie zur Zeit nur, weil es sonst finanziell einfach nicht mehr ging. Sie kam nicht wirklich rund. Vor einiger Zeit hatte sie noch einen finanziellen Puffer und somit viel mehr Freiheit. Selbst dieser Segen vermochte ihr bei ihrem Thema mit der Geduld nicht zu helfen. An dem heutigen Tag ging es Pia besonders schlecht und sie beschloss schon am Morgen, direkt nach der Arbeit wieder ins Bett zu gehen. Sie wollte einfach nur noch schlafen. Nachdem sie ihren Arbeitstag hinter sich gelassen hatte und wieder zuhause eintraf, machte sie sich noch etwas zu essen und ging wie geplant, gleich ins Bett. Nachdem sie sich bettfertig gemacht hatte, legte sie sich hin und starrte noch eine ganze Weile an die Decke. Von überall prasselten Gedanken auf sie ein, die einfach nicht verschwinden wollten. So brauchte Pia eine ganze Weile, bis sie endlich einschlief. Danach dauerte es nicht lange, bis sie sich selbst in ihrem Traum wiederfand. Aus der Vogelperspektive überschaute sie eine große Wiese, auf der überall Gänseblümchen wuchsen. Ihr Blick war auf eins der vielen Gänseblümchen gerichtet, welches sich am äußersten Rand der Wiese befand. Die schöne Wiese war mit einem Zaun umrandet und es erschien ihr so, als sei es ein gewöhnlicher Garten. Sie kam dem Gänseblümchen immer näher und somit wurde es immer größer. Plötzlich schien es Pia so, als wäre sie das Gänseblümchen selbst. Sie schaute aus den Augen der Blume auf die Wiese. Sie war als Gänseblümchen etwas größer als das Gras welches um sie herum wuchs und so konnte sie sehr weit schauen. Ein lautes Geräusch war in der Ferne zu hören. „Was ist das? Ein Auto?", dachte sie, bevor sie erkannte was es wirklich war. In der Ferne konnte sie einen Rasenmäher erkennen, der systematisch die Wiese mähte. Als kleine Blume, kam er ihr sehr groß und bedrohlich vor. Am liebsten wäre sie einfach weggerannt, doch das konnte sie nicht. Sie war ja nun eine Blume und musste sich einfach dem hingeben, was war. Sie schaute voller Angst dem Rasenmäher hinterher, der ihr langsam immer näher kam. Sie konnte kaum noch den Lärm ertragen, der von ihm ausging. „Das war es dann wohl", dachte sie sich. Kurz darauf konnte sie einen großen Schatten erkennen, der sich nun über sie legte. Sie schaute in das Gesicht eines kleinen Jungen. „Vertraue und bringe die nötige Geduld auf, und du wirst erkennen, dass alles so wird wie du dir es erhoffst", sagte der Junge zu ihr. Pia konnte es kaum fassen und schaute dem Jungen hinterher. Der Junge rannte auf seinen Vater zu, der den Rasenmäher weiterhin bediente. Der Rasenmäher verstummte, als der Junge etwas zu seinem Vater sagte. Pia konnte aus dieser Entfernung nicht hören worüber sie sprachen. In ihr arbeiteten immer noch die Worte des Jungen. Kurze Zeit darauf kamen Beide auf sie zu und knieten sich vor sie hin. Der Vater griff hinter sie und legte ein paar Steine genau um sie herum. Pia fühlte sich augenblicklich beschützt und geborgen. „Natürlich werden wir die Ruhe deines verstorbenen und hier begrabenen Vogels nicht stören", sagte der Vater zu seinem Sohn. Er drückte seinem Sohn noch einen Kuss auf die Stirn und ging danach zurück zum Rasenmäher. Der Junge schaute das Gänseblümchen genau an und schien nun überaus glücklich zu sein. Dies war auch das Letzte, woran sich Pia noch erinnerte, bevor sie wieder erwachte. Sie schaute sich um und war erleichtert, dass alles nur ein Traum gewesen war. Auch wenn es nur ein Traum war, so würde er zukünftig eine Reihe von Ereignissen in Gang setzen. Zukünftig wird sich Pia immer wieder an ihren Traum erinnern, wenn das Leben drohte ein wenig ungeduldiger zu werden.

32. Die Simulation

Es war geschafft und alle waren über den Erfolg sehr erfreut. Sehr lange hatten sie in einem großen Team, auf diesen einen Tag hin gearbeitet. Ihre Simulation würde heute das erste Mal in vollem Umfang gestartet werden. Zuvor hatten sie immer nur Teilabschnitte geprüft, um nicht den gesamten Simulationsablauf zu gefährden. Zu viel stand auf dem Spiel und die Investoren hätte es sicherlich nicht erfreut, wenn es so kurz vor der Vollendung noch zu einer kleinen Katastrophe gekommen wäre. Bisher lief die Simulation wie erwünscht, doch ob sie letztendlich auf allen Ebenen zufriedenstellend funktionierte, konnten sie bisher nicht prüfen. Das Team hatte eine komplette Welt erschaffen, in der sich alles eigenständig weiterentwickelte. Die in dieser Welt lebenden Wesen hatten alle ihre eigene Geschichte und waren so darauf programmiert, dass sie glauben, sie würden tatsächlich in der künstlich erstellten Welt leben. Menschen bekamen in dieser Welt ihre eigene Identität und gingen wie auch auf der Erde, ihren täglichen Aufgaben nach. So sah zumindest das theoretisch erwünschte Verhalten der Simulation aus. Ob sie sich allerdings auch auf der Ebene des Bewusstseins wie gewünscht verhalten würde, war von Außen allerdings nicht absehbar.

Daher war es zwingend notwendig, sich selbst mit in der Simulation von Außen zu verlinken. In der Zeit der Verlinkung, würde in der Simulation eine beliebige Person übernommen werden und somit das Bewusstsein mit dem User von Außen ausgetauscht. Sobald die verlinkte Person die Simulation wieder verlässt, hat die betroffene Person innerhalb der Simulation, so etwas wie einen Blackout. Die betreffende Person kann sich dann nicht mehr an die Übernahme erinnern, damit das ganze System nicht gefährdet werden würde. Das einzige Problem was auftreten könnte, wäre das Bekannte der übernommenen Person das veränderte Verhalten bemerken. Bisher hatten die Entwickler noch keinen anderen Weg gefunden, um die Simulation in ihrer Ganzheit von Innen heraus auf der Bewusstseinsebene zu testen. Paul, der leitende Programmierer, stellte sich für den ersten Versuch freiwillig zur Verfügung. Alles war bereits vorbereitet, so dass sich Paul nur noch auf den vorbereiteten Stuhl setzen- und sich verkabeln lassen musste. Ihm wurde darauf hin ein leichtes Beruhigungsmittel verabreicht, damit seine Herzfrequenz entsprechend ruhig blieb. Danach wurde ihm ein Gerät auf den Kopf gesetzt, welches die benötigten Frequenzen sendete. Das ganze Team war bereit für den Test und der Countdown lief bereits. Noch 10, 9, 8, 7, 6, 5, 4....

Totale Finsternis. Ein ganzes Team schaute auf einen Bildschirm, der einfach nur schwarz war. Es war allerdings nicht das Team, welches die Simulation starten wollte, was nun überaus verwundert schaute. Nein, es war ein völlig anderes Team. Es war das Team, welches die Simulation stoppte, weil die Simulation innerhalb der Simulation, eine weitere Simulation starten wollte. Eine ganze Zeit lang hatte das Team diesen Vorgang bereits beobachtet und bis zuletzt gehofft, dass das andere Team von einer weiteren Simulation absehen würde. Leider mussten sie die Server im letzten Moment aus Sicherheitsgründen abstellen, um so die Simulation, innerhalb der Simulation zu stoppen. Es würde sicherlich wieder eine ganze Weile dauern, bis sie das Experiment fortsetzen würden. Einiges muss ganz gewiss umgeschrieben werden, damit so etwas nicht noch einmal geschieht. Dennoch war es ein ganz besonderer Tag. Ein Tag, an dem sich alle Beteiligten fragten, ob sie nicht vielleicht selbst in einer Simulation lebten.

33. Die Dinge des Lebens

„Wo bin ich hier?", schrie Thomas in die dunkle Nacht und wartete vergebens auf eine Antwort. „Was hast du mit meiner Liebsten gemacht?", brüllte er gleich hinterher. „Das warst du selbst. Dafür bist du ganz alleine verantwortlich", bekam er aus der Dunkelheit zur Antwort. In Thomas wuchs spürbar die Wut. Er soll selbst für all das Leid verantwortlich sein, was ihm nun widerfährt? Seine Liebste hatte ihn zuletzt von jetzt auf gleich verlassen. Thomas wusste immer noch nicht, wo er sich befand. Das letzte woran er sich erinnerte war, dass er in seinem Sessel gesessen hatte. War er eingeschlafen und würde er all dies hier nur träumen? Diese Frage stellte er sich ein paar Mal, doch eine klare Antwort blieb aus. Thomas versuchte wieder seine Aufmerksamkeit auf das zu richten, was jetzt wichtig erschien. Er wollte zuerst wissen mit wem er spricht. „Wer zur Hölle bist du eigentlich?", fragte er in die Dunkelheit. „Weißt du das wirklich nicht?", bekam er als Gegenfrage zu hören. „Bist du der Teufel?", fragte Thomas. „Interessanter Ansatz, findest du nicht? Wie kommst du gerade auf den Teufel, wo es doch so viel mehr gibt?", fragte die Stimme aus der Dunkelheit. Thomas spürte wie die Wut erneut in ihm aufkochte. Thomas wollte nicht weiter darauf eingehen, doch er konnte es sich einfach nicht verkneifen und so sagte er: „Die ganze Welt hasst mich! Deswegen!" „Du meinst wohl, dass du die ganze Welt hasst?!", antwortete darauf die Stimme. „Das auch! Stimmt! Ist das denn ein Wunder?", brüllte Thomas voller Wut heraus. „Was lässt dich das denn glauben?", fragte die Stimme. „Es scheint so, dass Alles und Jeder auf der Welt gegen mich ist", sagte Thomas. „Ist die Welt und alles Andere gegen dich, oder bist du es in Wirklichkeit, der gegen Jeden und Alles ist?", fragte die Stimme. „Was meinst du damit? Ich bin gegen nichts und will doch einfach nur meine Ruhe", sagte Thomas ein wenig verärgert. „Bist du dir da ganz sicher? Die Welt ist so, wie sie ist. Du bist Derjenige, der sie gerne anders hätte. Du bist es, der gegen sie ist, so wie sie ist", antwortete die Stimme. Thomas verstummte. So hatte er die Situation noch nie betrachtet. Für einen Augenblick lang schienen ihn die Worte erreicht zu haben, bevor die Wut in ihm wieder größer wurde. Die Stimme erkannte genau was in ihm vor sich ging und kam Thomas zuvor. „Wut und Hass machen dich blind und verzerren das schönste Bild in eine hässliche Fratze. Mit den Augen der Liebe schenkst du den Dingen mehr Raum", sagte die Stimme. „Manchmal lassen einen die Dinge des Lebens, das Leben selbst entgleiten", fügte die Stimme noch hinzu. „Was soll das jetzt schon wieder heißen?", fragte Thomas. „Es gibt Situationen im Leben, die einen so sehr einnehmen können, dass anscheinend kein Raum mehr für Anderes vorhanden ist. Dadurch zerbricht in den meisten Fällen viel mehr, als eigentlich zerbrechen müsste. Du richtest deine gesamte Aufmerksamkeit nur auf eine Situation und lässt alles Andere einfach zurück. Somit richtest du das Eine auf, während das Andere was hinter dir liegt, schon wieder zerbröckelt", sagte die Stimme. Thomas schaute noch immer in die totale Finsternis. „Wer bist du? Zeig dich endlich", sagte er. „Bist du dir ganz sicher, dass du mich sehen möchtest?", fragte die Stimme. Noch bevor Thomas antworten konnte, wurde es allmählich heller, bis er erkennen konnte, in welches Gesicht er schaute. Thomas konnte kaum glauben was er sah, denn er schaute in sein eigenes Gesicht. „Bist du überrascht? Ich bin deine innere Stimme, die dir viele Antworten schenken kann. Ganz tief in dir, wusstest du schon immer, was getan werden muss", sagte sein Spiegelbild. Thomas verstand die Welt nicht mehr. „Träume ich das alles nur?", fragte er in seiner Verzweiflung. „Wenn es denn so einfach wäre", sagte sein Spiegelbild. „Du liegst im Koma, weil du dir in deiner Verzweiflung das Leben nehmen wolltest. Zum Glück fand dich deine Liebste noch rechtzeitig, so dass du gerettet werden konntest", fügte sein Spiegelbild noch hinzu. Thomas konnte sich schlagartig wieder erinnern. Sein Spiegelbild sagte tatsächlich die Wahrheit. „Es ist an der Zeit zurück zu gehen und die Welt mit anderen Augen zu betrachten", sagte sein Spiegelbild und noch bevor Thomas antworten konnte, erwachte er aus seinem Koma. Das Erste was er sah, war seine Liebste, die wartend an seinem Bett saß. Thomas kamen augenblicklich die Tränen, während er nach ihrer Hand griff. Beide berührten sich zärtlich und Thomas fühlte, dass die Welt bereits jetzt eine andere war.

34. Der Baum auf dem Mond

Es war einmal ein Baum, der ganz alleine auf einer großen wundervollen Wiese stand. Um ihn herum wuchs weit und breit kein anderer Baum, so dass ihn immer die Sonne wärmte, sobald sie sich zeigte. Der Baum stand schon sehr lange ganz alleine auf dieser Wiese, doch es störte ihn nicht. Im Frühling schaute er voller Freude, wie überall um ihn herum die Blumen aus dem Boden sprossen, um nicht viel später in ihrer Schönheit zu erblühen. Es vergingen die Jahre und mit der Zeit wuchs nicht nur er selbst, sondern auch sein innerer Frieden. Dieser Sommer war ein ganz wundervoller und warmer Sommer. Es war der erste Sommer seit langem, in dem wieder jemand bei ihm vorbeikam. Ein kleines Mädchen rannte voller Freude über die mit Blumen bewachsene Wiese. In ihrer Hand hielt es ein farbenfrohes Buch, mit dem es sich irgendwann gemütlich an den Baum setzte. Der Baum schaute neugierig auf das Buch der Kleinen, denn er hatte bisher noch nie ein Buch gesehen. Das kleine Mädchen summte fröhlich, als es Seite für Seite umblätterte und in ihrem Buch las. Plötzlich schaute die Kleine nach oben in die Baumkrone und fragte wie aus heiterem Himmel: „Möchtest du auch mitlesen, lieber Baum?" Für einen kurzen

Augenblick lang, kam eine leichte Ostbrise auf, so dass sich die Äste der Baumkrone auf und ab bewegten. Das kleine Mädchen empfand dies als Zusage und begann sofort dem Baum vorzulesen. Von dem Tag an, kam das kleine Mädchen die ganzen Sommerferien lang den Baum besuchen. Mit jedem neuen Tag, brachte es ein anderes Buch mit, welches sie auch dem Baum vorlas. Das Mädchen selbst merkte nicht, wie unangenehm es dem Baum allmählich wurde. All diese vielen Geschichten von den Menschen, wurden dem Baum einfach zu viel. Geschichten über die Menschen, über Fabelwesen und meistens voller böser Absichten. Sehr oft von Angst durchtrieben und am Ende doch mit so viel Hoffnung. Am liebsten hätte der Baum seine tiefen Wurzeln ausgegraben, um sich so die Ohren zuhalten zu können. Er wusste genau, dass es das kleine Mädchen nur gut meinte und er wusste auch, dass es dem Mädchen gar nicht bewusst war, was es sich selbst damit antat. Es erschien dem kleinen Mädchen alles so normal, so dass es den Wahnsinn in manchen Geschichten gar nicht erkannte. So empfand es zumindest der Baum und wenn die Nacht hinein brach, und er wieder völlig allein war, schaute er voller Sehnsucht auf den Mond. Am liebsten wäre er jetzt einfach auf dem Mond, um wieder seinen Frieden finden zu können. Fern von diesen Geschichten der Menschen, die ihm erzählt wurden und ihm das nahmen, was ihn zuvor noch ausmachte – seinen Frieden. Die Zeit verging und mit ihr der Sommer. Das kleine Mädchen blieb zu seinem Glück immer öfter fern. Dies freute den Baum wirklich sehr und in ihm wuchs langsam wieder mehr Frieden. Umso mehr er von den Geschichten vergaß, umso größer wurde sein innerer Frieden. Als der Winter ihn begrüßte, war er wieder ganz der Alte und doch schaute er noch jeden Abend auf den Mond, um sich daran zu erinnern, was ihm wahrlich wichtig erscheint – sein innerer Frieden.

35. Gedankenformen

Ted war schon immer sehr sensibel gewesen und er nahm Dinge um sich herum wahr, die an Anderen scheinbar spurlos vorbeigingen. Fast das gesamte Leben lang schleppte er sich mehr oder weniger durch die Zeit, denn es war nicht immer so leicht für ihn, in einer solch ignoranten Welt zu existieren. Manchmal wünschte er sich einfach weit weg, auf einen anderen Planeten, in der

Hoffnung, dort endlich verstanden zu werden. Er konnte es einfach nicht begreifen, wie die Menschen mit dem Leben, den Tieren, den Pflanzen und auch mit sich selbst umgingen. Es machte ihn oft sehr traurig, denn er kam sich oft so fehl am Platz vor. Heute war wieder so ein Tag, an dem ihn seine Gedanken verstärkt einholten. Seinen Arbeitstag hatte er glücklicherweise bereits hinter sich gelassen und war nun überaus froh, endlich dem Verkehr entkommen- und zuhause angekommen zu sein. Er machte sich wie nach jedem Arbeitstag, gleich einen Tee. Danach wollte er sich gemütlich in seinen Sessel setzen, um etwas zu lesen und so der Welt für einen kurzen Augenblick zu entkommen. Plötzlich klingelte es an der Tür. Ted zuckte für einen kurzen Moment zusammen, denn er erwartete Heute keinen Besuch. Er öffnete die Tür, doch es war niemand zu sehen. Auf den zweiten Blick sah er das Päckchen, welches auf seiner Fußmatte lag. Ted war schon neugierig, was sich in ihm befand, denn er erwartete auch keine Post. Als er das Päckchen öffnete, fand er ein Buch mit dem Titel „Gedankenformen" in ihm. „Was soll das denn? Ist das für mich?", dachte er sich ein wenig verwundert, denn er konnte nichts mit dem Titel anfangen. Ted setzte sich in seinen Sessel und nahm einen Schluck Tee. Dabei hielt er das Buch in seiner linken Hand und betrachtete es ganz genau. Etwas in ihm sagte ihm, dass er diesem Buch eine Chance geben sollte und so fing er an zu lesen. Bei der Einleitung fragte er sich noch, was für einen Blödsinn er eigentlich liest. Umso weiter er las, umso mehr interessierte es ihn. Das Buch handelte darüber, dass sehr vieles nur im Denken des Menschen existiert. Als reine Gedankenform und doch mit sehr viel Macht über den jeweiligen Menschen. Irgendwie war es ja auch sein Thema, dachte er sich nun. Immerhin fühlte er sich oft sehr alleine und fremd in dieser Welt, und als er nun so darüber nachdachte, musste er sich eingestehen, dass dies ja auch alles erst einmal reine Gedankenformen waren. Vieles von dem, was er dachte konnte gar nicht zu 100% so sein, wie er darüber dachte. Ihm wurde allmählich klar, dass das Meiste nur in seinen Gedanken so vorhanden war, wie es für ihn erschien. Mit der rechten Hand blätterte er kurz das ganze Buch durch und empfand eine tiefe Zufriedenheit, bei dem Gedanken daran, dass dieses Buch zu ihm gefunden hatte. Über vieles was er zu glauben meinte, wollte er noch einmal erneut nachdenken und schauen, ob er es immer noch genau so empfinden würde. Ted zuckte zusammen, als es erneut klingelte. Er schaute auf die Uhr und stellte fest, dass es schon recht spät war. „Wer kann das sein?", fragte er sich und stand auf, um die Tür zu öffnen. Als er aufmachte, schaute er in das freundliche Lächeln seiner Nachbarin. „Kann es sein das sie mein Päckchen entgegengenommen haben?", fragte sie freundlich. Ted spürte wie er leicht rot wurde und ging ohne etwas zu sagen zurück ins Wohnzimmer. Er schaute auf das Päckchen und sah erst jetzt, dass gar nicht sein Name auf dem Adressaufkleber stand. Mit einem leicht roten Kopf ging er zurück zur Tür. „Es ist mir echt peinlich, doch ich dachte dieses Päckchen wäre für mich gewesen und so habe ich es geöffnet", sagte er zu seiner Nachbarin. „Kein Problem", sagte sie kurz und nahm ihr Päckchen entgegen, in das Ted wieder das Buch gelegt hatte. Nachdem er sich verabschiedet hatte, setzte er sich erneut in seinen Sessel. Etwas in ihm sagte ihm, dass dies doch alles kein Zufall gewesen sein konnte. Eins wusste er ganz gewiss. Er würde bereits Morgen in einen Buchhandel gehen, um sich selbst das wundervolle Buch zu kaufen. Ja, dieser Gedanke gefiel ihm sehr und so saß er noch eine ganze Weile mit einem breiten Grinsen in seinem Sessel, bevor er zufrieden ins Bett ging.

36. Verloren

Verloren in einer Welt voller Dinge. Genauso kam sich Albert in der letzten Zeit sehr oft vor. Was hatte er zuvor noch dafür gekämpft, den materiellen Reichtum an sich zu binden. Vor einiger Zeit brauchte er ihn noch, in der Hoffnung so ein Stück mehr von dem zu werden, was er schon immer sein wollte. Heute fand er es recht albern, denn wie könnte auch nur ein Ding dieser Welt, ein Teil von ihm sein? Vielmehr war das was ihn wirklich ausmachte, jenseits von all diesen Dingen zu finden. In ihm selbst und nur dort war schon immer alles vorhanden, was er jemals gebraucht hatte. Sein Lebensweg hatte ihn irgendwann in eine Richtung-, völlig weit weg von ihm selbst geführt. So weit, dass er sich irgendwann in den materiellen Dingen dieser Welt selbst verlor, nur um sich dann wieder finden zu können. Es erschien ihm schon ein wenig absurd, „doch so läuft es anscheinend in dieser Welt. Es ist wohl das Schicksal der Menschheit, sich an die Dinge dieser Welt zu verlieren, nur um sich danach wieder finden zu können", dachte er sich. In der Zeit, in der sich Albert richtig verloren vorkam, wusste er nicht mehr genau wohin ihn sein Weg führen würde. Planen wollte er auch nicht mehr. Doch richtig loslassen, konnte er auch nicht. So befand er sich regelrecht gefangen zwischen zwei Welten. Zu seiner Freude konnte er sich zur Zeit so einiges erlauben. Er durfte sein Leben so gestalten wie er wollte, weil ihm vor einiger Zeit genügend Geld vererbt wurde. Was noch zu Beginn wie ein großes Geschenk auf ihn wirkte, verwandelte sich mit der Zeit regelrecht in einen Fluch. Er hatte zwar alle Freiheit der Welt und doch wusste er plötzlich nichts mehr mit dieser Freiheit anzufangen. So verlor er sich Stück für Stück in der Freiheit. In der Freiheit, wofür andere Menschen so bitter kämpften. „Es ist schon erstaunlich", dachte er sich. „Die Einen verlieren sich an das Materielle dieser Welt und ich mich selbst in den Möglichkeiten meiner Freiheit", fügte er noch hinzu. An diesem Tag verlief bisher alles wie gewohnt. Er stand pünktlich gegen 8 Uhr auf, obwohl er nichts wichtiges zu erledigen hatte. Wie gewohnt bereitete er sich auf den Tag vor, indem er kurz Duschen ging und sich danach ein kleines Frühstück zubereitete. Gegen Mittag kam wie gewohnt der Postbote und Albert wartete nicht lange, bis er zu seinem Briefkasten ging. Inmitten vieler Werbeprospekte befand sich ein Brief, auf dem kein Absender zu erkennen war. Vorsichtig öffnete er ihn, während er wieder zurück in seine Wohnung ging. Danach nahm er vorsichtig das Blatt Papier in seine Hand. Albert wunderte sich ein wenig darüber, dass der Brief von Hand geschrieben war. Die Handschrift kam ihm allerdings nicht bekannt vor. Noch während er seine Wohnstube betrat, fing er an zu lesen...

„Lieber Freund. Du wirst dich in diesem Moment sicherlich fragen, von wem dieser Brief sein mag. Sei dir gewiss, dass du es eines Tages wissen wirst und zwar genau dann, wenn es an der Zeit ist. Bis dahin ist es nicht wichtig, von wem dieser Brief ist, sondern vielmehr die einfache Tatsache, dass er zu dir gefunden hat. Doch nun lass mich zum wesentlichen kommen, mein Freund. Wir kennen uns, obwohl ich mir schon fast sicher bin, dass du mich vergessen hast. Einst führte uns das Leben zusammen, wenn auch nur für einen kurzen Abschnitt unseres gemeinsamen Lebens. Zugegeben, diese Zeit liegt nun schon einige Jahre hinter uns. Was uns zu dieser Zeit verband, verbindet uns ganz sicher noch heute. Alleine die Tatsache das ich dir diesen Brief geschrieben habe, spricht schon dafür. Auf der einen Seite deswegen, weil ich ihn dir schickte und auf der anderen Seite, dass du ihn überhaupt liest. Wäre dieser Brief für dich belanglos, hättest du ihn längst beiseite gelegt. Du fragst dich bestimmt in diesem Moment, was ich überhaupt von dir möchte. Die Antwort ist ganz einfach – überhaupt nichts. Es geht mir nicht darum, dass du mir etwas geben könntest, was ich mir von dir ersehne, sondern vielmehr darum, dir etwas geben zu können. Seit dem wir uns damals trafen, geschah eine ganze Menge in meinem Leben. Vieles von dem empfand ich völlig anders, alleine dadurch das wir uns damals trafen. Du magst es vielleicht nicht glauben, doch was du für mich getan hast, hat vieles in meinem Leben verändert..."

Albert dachte nach. Er wusste überhaupt nicht wovon in diesem Brief die Sprache war und bemühte sich angestrengt darum, sich wieder erinnern zu können. Es gelang ihm nicht und so las er ein wenig angespannt weiter.

„Damals hatte ich das ungute Gefühl verloren zu sein und gerade in dem Moment als ich aufgeben wollte, kamst du in mein Leben. An diesem Tag, es war ein Tag im Herbst, vielen die Blätter der Bäume ein wenig langsamer. Zumindest hatte ich damals das Gefühl. Alles erschien mir so grau und selbst das Leben, was mich vor Jahren noch so erfüllt hatte, konnte diese Leere in mir nicht mehr füllen. Ich kam mir zu dieser Zeit innerlich ziemlich aufgefressen vor. Als ich im Park auf einer Bank saß und darüber nachdachte mein Leben zu beenden, kamst du. Auf deinem Gesicht zeichnete sich ein warmes Lächeln ab und du setztest dich direkt neben mich. Dein Blick war die ganze Zeit nach oben gerichtet. Auf die schöne

Sonne, die sich gerade in diesem Augenblick durch die Wolken kämpfte, um uns beide mit ihrer wohligen Wärme zu berühren. Dein Blick war weiterhin nach oben gerichtet, als ich meinen Blick dir zuwandte und dich folgendes fragte: „Ist es nicht schön, die Sonne auf der Haut zu spüren?" Dein Blick senkte sich und nun schautest du mich direkt an. Ich denke das du damals meinen Schmerz sofort in meinen Augen erkennen konntest. „Ja, das ist es. Besonders dann, wenn die innere Sonne ein wenig von Wolken bedeckt ist", sagtest du zu mir. Wir unterhielten uns noch eine ganze Weile und sprachen abwechselnd über unsere Erlebnisse. Am Ende unseres Gespräches hast du mir deine Visitenkarte in die Hand gedrückt und somit eröffnetest du mir die Möglichkeit, dir heute meinen herzlichen Dank auszusprechen. Ich danke dir alleine dafür, dass du an diesem Tag für mich da warst und meinen Worten Gehör schenktest. Ja, mein Freund. Mittlerweile sind die Jahre regelrecht verflogen und zu meinem Glück fand ich wieder das Glück in mir selbst, welches mir die Kraft schenkte weiterzuleben. Dafür möchte ich dir an dieser Stelle besonders danken, auch dann, wenn du mich lediglich an das Glück erinnert hast. Du warst genau im richtigen Moment, am richtigen Ort – nur um mich treffen zu können. Ich wünsche dir ein wundervolles Leben, in dem du alles finden magst, was du für deine Glückseligkeit benötigst. Dein alter Freund. PS: Ich werde am kommenden Mittwoch wieder auf der gleichen Parkbank sitzen und wenn du Interesse daran hast mich noch einmal zu sehen, so wirst du mich dort zu finden wissen."

Albert schluckte. Er konnte es kaum fassen, was gerade geschah. Es kam ihm so vor, als hätte ihm Gott persönlich diesen Brief zukommen lassen. Den ganzen Tag über musste er immer wieder an den Brief denken. Ehrlich gesagt wusste er noch nicht, ob er wieder seinen „alten Freund" treffen wollte. Er wollte noch einmal in Ruhe darüber schlafen. Als am nächsten Morgen sein Radiowecker ertönte, wollte er kaum seinen Ohren trauen. Im Radio lief ein Lied mit einem Text über einen alten Freund, der im Geschehen des Lebens verloren ging und durch einen Zufall nach ein paar Jahren wiedergefunden wurde. Dies war der erste Tag seit langem, an dem Albert mit einem Lächeln aufstand. Für ihn war sofort klar was er machen würde. Er würde nächste Woche seinen alten Freund im Park einen Besuch abstatten.

37. Der Weg ins Herz

„Folge deinem Herzen." - „Höre stets auf das, was dir die Liebe sagt." - „Nur die Liebe zählt..." Regina konnte es nicht mehr hören. Immer und überall diese Ratschläge, die sie mittlerweile eher in die Wut, als in die Liebe trieben. Es kotzte sie zur Zeit alles so dermaßen an und vor allem dieses Süßholzgeraspel von den Gutmenschen. „Als wenn immer alles gut gehen würde und alles immer nur super ist. Es gibt eben auch Angelegenheiten, die einen ganz schön in den Hintern treten können", dachte sie sich. „Diese Gutmenschen sollten einmal das wahre Leben zu spüren bekommen, damit sie wieder aufwachen", fügte sie noch hinzu. Diese Gedanken bereiteten ihr Freude. Sie merkte schon gar nicht mehr, wie sie sich unbewusst das Leid für Andere wünschte, nur um sich selbst sagen zu können, dass sie Recht hatte. Im Fernsehen liefen die Nachrichten und wie üblich wurde über das Leid der Welt berichtet. Regina nickte nur, um sich innerlich noch einmal selbst zu bestätigen. „Ja, die Welt ist nicht gut", dachte sie sich. In der Küche lief der Kaffee durch, während sie sich im Bad für den Tag vorbereitete. Zum Glück war es Wochenende, denn ihren Job konnte sie so langsam auch nicht mehr leiden. Tag ein Tag aus, immer das Gleiche im Büro. Am meisten nervten sie ihre Kollegen, denen es überwiegend sehr gut ging und die sehr gerne über ihr glückliches Leben berichteten. All das wollte sie gar nicht mehr hören und musste es die meiste Zeit dennoch ertragen. Äußerlich zeigte sie sich in solchen Momenten meistens ganz anders. Sie wollte den Ärger vermeiden, der durch ihre Meinung entstehen könnte und so schluckte sie all das Gedachte stets runter. Dadurch stieg von Woche zu Woche, ihre innere Wut, ohne das sie es überhaupt bewusst wahrgenommen hatte. Heute wollte sie noch ihre liebe Freundin besuchen. Alle zwei Wochen trafen sie sich, um ein wenig abzuhängen. Auf dem Weg zu ihrer Freundin hielt Regina noch schnell an einem Supermarkt an, um etwas leckeres zum Knabbern und Trinken zu besorgen. Im Supermarkt war es erstaunlich leer, was Regina sofort auffiel. An der Kasse konnte sie es sich einfach nicht verkneifen und sagte mit einem bitter bösen Lächeln auf dem Gesicht zur Kassiererin: „Sind etwa alle Gutmenschen auf einem romantischen Ball?" Die Kassiererin schaute sie nur fragend an und ging unbeeindruckt ihrer Arbeit nach. Dies war auch das Beste was sie in diesem Augenblick machen konnte. Jede Bemerkung die in die Richtung Liebe gegangen wäre, hätte Regina nur noch mehr genervt. Nach dem Einkauf war es noch ein gutes

Stück bis zu ihrer Freundin, doch wenigstens war der Verkehr am Wochenende nicht ganz so dicht. Nach zwanzig Minuten Fahrt und weiteren fünf Minuten für die Suche nach einem freien Parkplatz, stand Regina endlich vor der Tür ihrer Freundin. In der linken Hand hielt sie die Tragetasche, während sie mit rechts klingelte. Es dauerte keine Minute, bis Regina die Schritte ihrer Freundin hören konnte. „Hallo Regina, schön dich zu sehen", sagte sie freundlich. „Ich freue mich auch, Anna", gab sie zur Antwort. Gemeinsam gingen sie in die Küche, um den Einkauf zu sortieren und kühl zu stellen. Regina setzte sich an den Küchentisch, auf dem schon zwei Gläser standen. „Möchtest du etwas trinken?", fragte Anna. „Ja, bitte", antwortete sie kurz. Nachdem Anna den Einkauf sortiert hatte, setzte sie sich zu Regina an den Tisch. Auf ihrem Gesicht war ein Lächeln zu erkennen, welches Regina ein wenig verunsicherte. Sie traute sich kaum zu fragen, denn innerlich spürte sie, dass etwas geschehen sein musste. Etwas, was ihr vielleicht gar nicht gefallen würde. „Ist etwas aufregendes geschehen?", fragte sie ein wenig widerwillig. Das Lächeln wurde noch größer und das Funkeln in den Augen ihrer Freundin, war nicht mehr zu übersehen. Ein langgezogenes „ja" erreichte Regina. Innerlich zuckte sie zusammen, denn es war bestimmt etwas was ihrer momentanen Gefühlswelt nicht entsprach. „Was denn?", fragte sie nach. „Ich habe den Weg ins Herz gefunden", antwortete Anna. Einen Moment lang war es still zwischen den beiden Freundinnen. „Wie bitte? In dein Herz?", fragte Regina ein wenig verwundert. Anna schmunzelte und das gefiel Regina ehrlich gesagt überhaupt nicht. Sie fühlte sich ein wenig ausgeliefert, ja - fast schon überrumpelt. Anna holte tief Luft, bevor sie anfing zu erzählen. Was Regina zu hören bekam, konnte sie kaum glauben. Ihre Freundin hatte sich nach sehr langer Zeit wieder in einem Mann verliebt. Wie konnte das nur sein? Und das obwohl sie so vieles gemeinsam haben und die Welt so ähnlich sehen. Regina war bewusst, dass sie selbst die Welt nicht unbedingt positiv sieht und so hatte sie bis zuletzt auch noch ihre Freundin eingeschätzt. Doch nun das?! Regina fand es unerträglich, was sie sich alles anhören musste. „Lieb, gut aussehend, intelligent, spirituell..." Regina wusste nicht ob sie einfach lachen, oder lieber weinen sollte. Eben hatte sie noch über solche Menschen gelacht und jetzt erzählt ihre beste Freundin, sie sei mit einem spirituellen Gutmenschen zusammen, der nur so in Liebe badet. Anna schaute Regina an und bemerkte, dass etwas mit ihr nicht stimmte. „Ganz schön überrascht, was?", fragte sie. „Ja, ganz schön. Waren wir uns nicht einig, dass diese Art von Mensch nichts für uns ist? Was musste nur geschehen, um deine Meinung diesbezüglich so radikal zu ändern?", fragte Regina ein wenig entsetzt. „Das sagte ich dir bereits. Ich habe den Weg ins Herz gefunden", antwortete Anna. Regina verdrehte ihre Augen. „Und was zur Hölle bedeutet das genau?", fragte Regina. „Ich habe den Weg zu mir selbst wieder geöffnet und als das geschah, erreichte mich von Innen heraus unsagbar viel Liebe. Die Welt ist nicht nur grau, oder bunt. Sie ist beides. Alles ist vorhanden und das zu jeder Zeit. Jeder Einzelne von uns entscheidet sich in jedem Moment neu, ob er im tiefen Sumpf leben möchte, oder eben über den Regenbogen tanzen mag. Verstehst du, was ich meine?", fragte Anna ihre Freundin. „Ja, ich verstehe den Inhalt, doch nicht wie es dazu kam. Außerdem hörst du dich schon so an, wie einer von diesen Menschen, die in allem das Gute sehen", sagte Regina. „So ist es ja auch. Verstehst du das denn nicht? In allem ist das Gute und das so genannte Schlechte zu finden. Wir entscheiden selbst, was wir sehen wollen und machen es somit zu einem Teil unseres Lebens", antwortete Anna. Es wurde wieder ein wenig stiller zwischen ihnen. Regina wusste nicht mehr weiter und fragte erneut, wie es dazu kam. Anna hob die

Mundwinkel ein Stück an und berichtete über einen dummen Zufall, der gar keiner war, weil es so etwas wie Zufälle nun mal nicht gibt. Regina verdrehte derweil wieder ihre Augen, weil sie es immer noch nicht fassen konnte. „Vor genau anderthalb Wochen fing mein Glück an, indem ich wie gewöhnlich in einen Buchladen ging, um zu schauen was es an neuen Romanen gibt. Du weißt ja, auf was ich sonst so stehe. Auf Krimis, oder eben Mord und Totschlag, um es einmal anders zu nennen. Ich stehe also an der Säule mit all den neuen Krimis, bis mir ein Buch auffiel, welches dort ganz sicher nicht hingehörte. Es war so hell und vor allem sehr bunt. Es machte eindeutig einen positiven Eindruck auf mich und war somit dort ein wenig fehl am Platz. Eigentlich wollte ich es einfach nur vorne an der Info abgeben, damit es wieder den richtigen Platz findet. Zu diesem Zeitpunkt war mir nicht klar, dass es bereits den richtigen Platz gefunden hatte – nämlich mich", erzählte Anna. Mit einem deutlichen Schulterzucken ließ Regina ihre Freundin wissen, dass sie mit dieser Aussage nicht wirklich etwas anfangen konnte. „Als ich an der Info stand und das Buch auf die Theke legte, empfing mich ein breites Lächeln. Zu diesem Zeitpunkt musste ich wohl so ähnlich geschaut haben, wie du nun, liebe Regina", sagte Anna mit einem breiten Grinsen auf ihrem Gesicht. „Glückwunsch zu ihrem neuen Buch, sagte die nette Dame an der Info zu mir und ich wusste gar nicht was ich sagen sollte. Immerhin war es ein Buch, was nicht unbedingt meinen Themenbereich abdeckt. Andererseits war es ja geschenkt, dachte ich mir. Nachfragen warum ich das Buch gewonnen hatte, musste ich schon gar nicht mehr, denn die Liebe Frau an der Info erklärte es mir freizügig von ganz alleine. Es war an diesem Tag extra dorthin gelegt worden und wer es abgeben würde, bekam es geschenkt. Das war ein Teil des Werbeprogramms für dieses Buch, wie mir gesagt wurde. Ich packte also das unbekannte Buch in meine Tasche und dachte erst wieder viel später daran. Zuhause schaute ich es mir das erste Mal ganz genau an. Rate mal wie das Buch heißt?", fragte Anna ihre Freundin. „Wege ins Abseits?", antwortete ihre Freundin mit einem bösen Blick. Anna lachte laut. „Nein, der Weg ins Herz, ist der Titel", sagte Anna. „Doch das kannst du dir sicherlich schon denken. Darum soll es auch gar nicht gehen", sagte Anna. „Dann kläre mich auf, worum es überhaupt geht", bat Regina ihre Freundin. Anna holte erneut tief Luft und fuhr mit ihrer Erzählung fort. „Ich kann es kaum beschreiben, doch das Buch ließ mich ab diesem Tag kaum noch los. Immer wieder dachte ich an das Buch und wie es zu mir fand. Also fing ich eines Abends an zu lesen und es war wirklich großes Glück, dass ich über meinen eigenen Schatten springen konnte, um dies überhaupt zu tun. Es dauerte keine zwei Tage und das Buch war durchgelesen. Noch nie zuvor hatte ich ein Buch auf diese Art und Weise verschlungen. Vieles von dem was dort stand, fand ich zuerst ein wenig abstoßend, weil es eben eine Welt beschrieb, die ich so nicht kannte. Doch ich ließ mich einfach weiterhin darauf ein, auch wenn ich nicht alles in seiner Ganzheit erfassen konnte. Etwas in mir sagte, dass ich das Richtige tue und das mich das Wissen dieses Buches irgendwann viel weiter bringen würde. Ich merkte gar nicht, wie es mich schon beim ersten Lesen veränderte und innerliche Krusten meines gesammelten Schmerzens zum sprengen brachte. So richtig bewusst wurde mir dies erst, als ich auf der Arbeit darauf angesprochen wurde. Mir wurde tatsächlich gesagt, dass ich mich ein wenig anders verhalten würde und das sich auch meine Ausstrahlung verändert hätte. Als ich fragte in welche Richtung, wurde mir mit einem breiten Lächeln geantwortet, dass dies in die richtige Richtung geschehen sei", erzählte Anna. Ihre Freundin tat so, als würde sie weiterhin aufmerksam zuhören und war innerlich schon am planen, was sie nachher noch machen würde. Ihr wurde das alles zu viel und sie konnte einfach nichts mit all dem positiven Zeug anfangen. In ihr zerrte die Ungeduld und es würde nicht mehr lange dauern, bis sie einfach aufstehen- , und um eine Pause bitten würde. Noch hatte sie ein wenig Geduld und so hörte sie weiterhin zu. „Alles weitere ging sehr schnell. Noch in der gleichen Woche lief mir mein neuer Freund über den Weg und es funkte sofort zwischen uns. Anders als sonst, ging es dieses Mal recht schnell. Wir hatten uns eine Menge zu erzählen, wobei er schon ein, oder zwei Schritte weiter ist als ich", erzählte Anna. Regina griff nach dem Wasser und trank einen Schluck. Es reichte ihr. Mehr musste sie nicht wissen. Mehr wollte Sie auch gar nicht wissen. Sie wollte jetzt gleich nach Hause fahren und vorgeben, dass es ihr nicht so gut ginge. Anna rechnete schon länger mit solch einer Reaktion. Immerhin kannten sie sich schon eine lange Zeit und sie wusste ihre Freundin gut einzuschätzen. Regina erzählte ihrer Freundin, dass es ihr nicht gut ginge und besuchte noch kurz das Bad, bevor sie sich verabschiedete. Wie immer umarmten sich beide zum Abschied. Im Auto angekommen, holte Regina erst einmal tief Luft. Sie hatte es geschafft und konnte der Hölle tatsächlich entkommen, dachte sie sich. Sonderlich viel über das Gespräch wollte sie gar nicht mehr nachdenken und dennoch führten ihre Gedanken immer wieder zu ihrer Freundin. Endlich Zuhause angekommen, machte sie sogleich den Fernseher an, um sich ein wenig ablenken zu lassen. Dennoch... Immer wieder schwirrten ihr die Worte ihrer Freundin durch den Kopf. Sie konnte es immer noch nicht fassen, wie sich ihre Freundin doch in so kurzer Zeit verändert hatte. Ihre Augenlider wurden mit der Zeit immer schwerer und irgendwann schlief sie ein. Mitten in der Nacht wurde sie durch ein lautes Geräusch geweckt. Der Fernseher lief immer noch und das erste was sie machte, war nach der Fernbedienung zu greifen, um es abzuschalten. Sie schaute sich um und erkannte erst jetzt, was geschehen war. Sie hatte ihre Tasche neben sich aufs Sofa gestellt und diese hatte sie wohl im Schlaf nach unten auf den Boden befördert. Sie konnte es kaum glauben, was sie dort sah. Auf dem Boden verstreut lag der ganze Inhalt ihrer Tasche und inmitten lag das Buch ihrer Freundin. Sie hatte es ihr wohl heimlich eingesteckt, als sie noch kurz im Bad gewesen war. Regina schaute fassungslos auf den Boden und lehnte sich ein Stück zurück. Zu diesem Zeitpunkt konnte sie noch nicht ahnen, dass auch ihr Herz bald geöffnet sein würde, denn das Buch rief schon jetzt nach ihr.

38. Wer bin ich?

Als er erwachte, schaute er sich erst einmal richtig um. Er wusste in diesem Moment nicht genau, wo er sich befand. Er wusste in diesem Moment nur, dass er sich in einem Krankenhaus befand, weil er in einem Krankenbett lag. „Was ist bloß geschehen?", fragte er sich selbst. Kurze Zeit später öffnete sich die Tür zu seinem Zimmer und eine Krankenschwester schritt herein. Sie lächelte ihn an und war sichtlich erfreut, dass er erwacht war. „Wo bin ich hier und was noch viel wichtiger ist, warum bin ich überhaupt hier?", fragte er die Krankenschwester. Diese schaute ihn ein wenig erstaunt an. „Ich hatte wirklich gehofft, dass Sie mir das sagen könnten. Die Polizei fand Sie bewusstlos auf einem Gehweg, ganz hier in der Nähe und brachte Sie sofort zu uns. Da Sie keinerlei Papiere bei sich trugen, hofften wir das Sie uns nach dem Erwachen alles weitere erklären würden. Wissen Sie denn noch ihren Namen?", fragte sie. Er überlegte kurz bevor er ihn der Krankenschwester nannte. „Sehr gut Patrick, Ihre Erinnerung wird bestimmt mit der Zeit wieder zurück zu Ihnen finden. Etwas muss geschehen sein, was Ihnen nun Ihre Erinnerungen raubt. Haben Sie noch ein wenig Geduld und es wird sich sicherlich alles wie von alleine klären", sagte sie zuversichtlich, während sie die Tür öffnete. „Falls Sie noch etwas brauchen, können Sie mich einfach rufen. Drücken Sie einfach den Knopf, den sie an der rechten Seite des Bettes finden", fügte sie noch hinzu. Da saß er nun ganz alleine in seinem Bett. Alles was ihm geblieben war, war lediglich sein Name. Was war nur geschehen? Patrick wurde es ein wenig übel, denn er hatte plötzlich sein ganzes Leben verloren. „Es ist schon merkwürdig, dass das ganze Leben in den Gedanken zu finden ist und das ohne diese Gedanken, dennoch so etwas wie Freiheit zu spüren ist", dachte er sich. „Wir verfangen uns so sehr in unseren Gedanken über das eigene Leben. Wir hängen Bilder der Vergangenheit an die Wand und nennen es dann unser Leben. Dabei sind es lediglich Erinnerungen über das Leben und sie spielen in der Gegenwart nicht unbedingt eine tragende Rolle. Doch gerade jetzt in diesem Moment fehlen sie mir sehr, wie ich feststellen darf", dachte er sich. Patrick wusste nicht mehr wie es weiter gehen sollte. Würde es ihm wirklich helfen, einfach zu warten und zu hoffen, dass seine Erinnerungen zurück kämen? Oder würde ihm Bekanntes und Vertrautes wieder die Erinnerungen zurückbringen, die er nun so verzweifelt suchte? Er wusste es einfach nicht. Selbst am Abend, nachdem ein paar Stunden vergangen waren, wusste er noch nicht wie es in seinem Leben weitergehen sollte. „Ich werde einfach noch einmal darüber schlafen. Vielleicht finde ich in meinen Träumen die Antwort", dachte er sich, als er sich hinlegte und die Zimmerdecke betrachtete. Mit der Zeit wurden seine Augen ganz schwer und plötzlich schlief er ein. Kurz darauf befand sich Patrick auch schon in seiner eigenen Traumwelt. Ihm war sogar bewusst, dass er träumte und er fand es überaus spannend in seinem eigenen Traum nach seiner Vergangenheit zu suchen. Patrick schaute sich ausgiebig um. An dem Ort an dem er sich nun befand, war es sehr düster. Er konnte kaum seine eigene Hand vor Augen erkennen. Patrick drehte sich langsam und so erkannte er, dass sich in der Ferne ein flackerndes Licht abzeichnete. Ohne groß darüber nachzudenken, ging er zielstrebig auf das Licht zu. Er hatte die Hoffnung, dort etwas finden zu können, was ihn weiterbringen würde. Unter seinen Füßen fühlte er kleine Steine, die bei jedem seiner Schritte knirschten. Das flackernde Licht wurde immer heller und jetzt erkannte er, das es sich um Tageslicht handelte. Neben dem leichten Flackern verwirrten ihn ein wenig die Farben des Tageslichtes. Es schimmerte in einem dunklen Magenta Ton. Mittlerweile befand er sich inmitten des Lichtes. Er drehte sich in die Richtung, aus der er gekommen war. Von der Dunkelheit war dort nichts mehr zu sehen. Als er weiterging, baute sich ein unglaublich großer Baum vor ihm auf. In der Magenta Farbe erschien er sehr mysteriös. Patrick musste seinen Kopf in den Nacken legen, um die Baumkrone erkennen zu können. Aus der Baumkrone senkten sich langsam Nebelschwaden, die sich auf der halben Strecke des Baumes auflösten. Patrick war sehr beeindruckt von diesem Anblick. Er stand einfach regungslos vor dem großen Baum und staunte. Aus der Baumkrone lösten sich plötzlich drei kugelartige Objekte. Sie schimmerten lichterfüllt und in goldenen Farben. Patrick war sehr erstaunt und merkte nicht, wie er leicht seinen Mund öffnete. Die drei kugelartigen Objekte schwebten langsam nach unten, direkt auf ihn zu. Um den Kugeln weiterhin folgen zu können senkte er langsam seinen Blick. Die drei Kugeln nahmen nun eine Position nebeneinander ein. Eine Kugel befand sich unmittelbar vor ihm. Die beiden Anderen, befanden sich jeweils links und rechts davon. Patrick staunte weiterhin. Die beiden äußeren Kugeln erhoben sich plötzlich und schwebten langsam auf die mittlere Kugel zu. Ein Strahl aus purem Licht blendete Patrick nun so sehr, dass er kurz seine Augen schließen musste. Als er sie wieder öffnete, schaute er nur noch auf eine

Kugel. Auf Jene, welche sich direkt vor ihm befand. Jetzt konnte er genau erkennen, dass sie nicht völlig rund war und dennoch einer Kugel sehr nahe kam. Ihre Größe hatte sich mindestens verdoppelt, so das sich Patrick in ihr spiegelte. Er machte vorsichtig einen Schritt auf sie zu, um dieser Spiegelung ins Gesicht sehen zu können. Sofort spürte er die Wärme, die von der Kugel ausging und ihn umschloss. Auch von Innen heraus fühlte er sich erfüllt. „Wer, wer, oder was bist du?", fragte Patrick vorsichtig. „Ich bin du", antwortete die Kugel. „Und wer bin dann ich?", entschied sich Patrick zu fragen. „Du bist ich. Wir beide sind Eins. Ich existiere durch dich und mit dir. Du existierst durch mich und mit mir", antwortete die Kugel. Patrick dachte einen Moment lang nach. „Bist du Gott? Ich meinte, sind wir Gott?", fragte er. „Auch das. Denn wahrlich betrachtet ist alles Gott, was ist. Alles entspringt der einen Quelle, auch dann wenn es manchen getrennt vorkommt. Alles was ist, ist ein Teil Gottes – und ist somit zugleich Gott. Doch warum stellst du nicht die eine Frage, die jetzt wirklich wichtig ist?", fragte ihn die Kugel. Die Kugel erhob sich ein wenig, so dass Patrick wieder den Kopf anhob. „Was kann ich tun, damit ich mich wieder an mein Leben erinnere?", fragte er. „Gute Frage. Die Antwort ist recht simpel.

Erwache. Erwache aus dem Traum. Erwache aus deinem Traum. Erwache aus dem Traum des Lebens", antwortete die Kugel. Im gleichen Augenblick erwachte Patrick. Er schaute sich um und erkannte sogleich, dass er sich immer noch im Krankenhaus befand. Doch etwas war anders. Ja, er konnte sich wieder an sein Leben erinnern. Alles war wieder an seinem Platz und es erschien ihm so, als sei es nie anders gewesen. Die Krankenschwester betrat das Zimmer und schaute Patrick an. „Wie geht es Ihnen?", fragte sie. „Ich kann mich wieder erinnern. Mein ganzes Leben ist wieder vorhanden. Was für ein Glück", sagte Patrick voller Freude. „Sehen Sie. Manchmal braucht es nur etwas Zeit und alles findet wieder dorthin zurück, wohin es gehört", sagte sie mit einem breiten Lächeln auf ihrem Gesicht. Patrick stimmte ihr nickend zu, während er darüber nachdachte, wie er überhaupt in diese Lage geraten konnte. Er konnte sich wieder an sein Leben erinnern, doch nicht daran, wie es dazu kommen konnte, es letztendlich zu vergessen. Patrick horchte plötzlich auf. Etwas stimmte nicht. Er schaute auf die Krankenschwester, die nun einfach nur starr im Raum stand. Es erschien ihm so, als würde die Zeit stillstehen. Patrick stand auf und verließ das Zimmer. Vor ihm lag ein langer Flur, auf dem sich zahlreiche Menschen befanden.

Doch wie auch die Krankenschwester, standen sie einfach regungslos im Raum. So als hätte Jemand die Pausetaste gedrückt. Langsam kroch die Angst in ihm hoch. In der Ferne konnte er jetzt eine dunkle Rauchsäule erkennen, die unsagbar schnell auf ihn zuraste. Mit einem Zischen und einem kalten Hauch, erwischte sie ihn. Alles war für einen kurzen Augenblick lang, dunkel und total still. Patrick erwachte erneut und schaute auf seine Hände, die er zu Fäusten geballt hatte. War er nun wirklich wach, oder träumte er immer noch? Er wusste es nicht. Die Krankenschwester betrat erneut das Zimmer und fragte ihn, wie es ihm gehen würde. Patrick war ein wenig verunsichert, doch er antwortete ihr dennoch. Er sagte ihr, dass es ihm gut gehen würde. Seine Erinnerungen waren zu seiner Freude immer noch vorhanden. Er konnte sich wirklich an alles erinnern. Sein ganzes Leben befand sich in ihm, doch etwas beunruhigt war er dennoch. Ihn erreichten erneut die Worte der Kugel. „Erwache aus dem Traum. Erwache aus deinem Traum. Erwache aus dem Traum des Lebens", hatte sie zu ihm gesagt. Ja, er würde wachsamer sein. Wachsamer als jemals zuvor und das Leben würde er ganz sicher ein wenig anders wahrnehmen. Vielleicht sogar völlig anders – einfach ganz wach.

39. Abgrund – die Rückkehr (Teil 2)

Jack machte sich wie geplant auf den Weg. Die Taucherausrüstung hatte er bereits im Kofferraum verstaut. Ein mulmiges Gefühl durchzog seine Magengegend. „Es muss einfach sein, damit ich meinen Frieden finden kann", dachte er sich. Das Wetter war an diesem Tag zur seiner Freude besonders freundlich. Die Sonne schien bereits seit den frühen Morgenstunden und es war den ganzen Tag über schön hell gewesen. „Genau das richtige Wetter, um einen Tauchgang ins Ungewisse zu starten", dachte er sich. Es dauerte gar nicht mehr lange, bis er an seinem Ziel ankam. Sogleich ging er zu seinem Kofferraum, aus dem er seine Taucherausrüstung nahm. So langsam erreichten ihn wieder ganz intensiv die Erinnerungen an sein vergangenes Erlebnis. Wie durch ein Wunder hatte er es überstanden und musste doch das Kostbarste zurücklassen – seine (Zauber)Murmel aus der Kindheit. Mit dieser Murmel hatte er eine ganze Menge erlebt und letztendlich sogar durch sie überlebt.[*] Jetzt wollte er sie einfach wieder in seinen Händen halten. Er hatte sogar manchmal das Gefühl, als würde sie leise nach ihm rufen. Um diese genannte Murmel sollte es heute gehen. Wenn er sich nicht irrte,

---

* Abgrund – Die Wunder des Lebens

dann würde sie immer noch im Wasser auf ihn warten. Irgendwo unten in der Tiefe, versteckte sie sich jetzt. Jack erreichte das Ufer, an dem er in seinem letzten Abenteuer aus dem Wasser gekrochen war. Auf den ersten Blick erkannte er, dass sich seitdem nicht viel an diesem Ort verändert hatte. Es war eben ein ziemlich verlassener Ort, zu dem nur sehr wenige Menschen fanden. Jack schaute flüchtig hinauf zur Klippe, von der er einst gesprungen war. Zu diesem Zeitpunkt konnte ihn das Leben nicht mehr halten. Das hatte sich nun geändert, denn durch sein Erlebnis nahm er das Leben völlig anders wahr. Es kam ihm seitdem wieder so überaus wertvoll und wichtig vor. Nachdem er die Taucherausrüstung angelegt hatte, schritt er vorsichtig ins Wasser. Selbst durch seinen Anzug konnte er die Kälte des Wassers gut spüren. In seiner rechten Hand hielt er eine wassertaugliche Lampe, die er schon jetzt einschaltete. Noch ein letztes Mal prüfte er seine Sauerstoffzufuhr, bevor er mit einem Ruck untertauchte. Vor ihm lag das Ufer, welches steil nach unten ins Ungewisse führte. „Oweh, da geht es ja ganz schön tief hinunter", dachte er sich. Augenblicklich verlor er ein wenig die Hoffnung, seine kleine Murmel dort unten finden zu können. Etwas in ihm, trieb ihn dennoch weiter voran. Mit seiner Lampe schwenkte er ständig von links nach rechts, in der Hoffnung so etwas mehr erkennen zu können. Das Meiste was Jack bisher zu sehen bekam, war einfach nur in tiefe Dunkelheit gekleidet. Er suchte verzweifelt nach der Murmel, doch so sehr er sich auch anstrengte, sie tauchte einfach nicht vor seinen Augen auf. Nach etwa 20 Minuten gab er seine Suche ein wenig enttäuscht auf. Als Jack der Wasseroberfläche wieder näher kam, wurde es schlagartig heller um ihn herum. Nachdem Jack die Wasseroberfläche durchbrochen hatte, richtete sich sein erster Blick auf die Klippe. Er musste zweimal schauen, um sicher zu gehen, was er dort sah. Dort oben stand tatsächlich ein Mann am Rand der Klippe, so wie er es selbst einst tat. Der Mann auf der Klippe blickte plötzlich runter zu Jack. Ein kurzes Zucken durchfuhr seinen Körper, bevor er sich schlagartig umdrehte und verschwand. Jack schwamm auf das Ufer zu, um aus dem Wasser steigen zu können. Sein Blick richtete er noch einmal auf die Klippe, doch von dem Mann war nichts mehr zu sehen. „Vermutlich habe ich ihn sehr erschreckt", dachte sich Jack. Erst dann kam ihm der Gedanke, dass er ihn wohl vor dem Springen in den Abgrund abgehalten hatte. Mittlerweile stand Jack wieder auf festem Boden und sogleich fing er damit an, aus seiner Taucherausrüstung zu steigen. „Ob mich die

Murmel an diesen Ort gerufen hat, um den möglichen Sprung des Mannes zu verhindern?", fragte er sich selbst. Er wusste es nicht. Dennoch erreichte sein Herz ein warmes Gefühl, so als wäre diese Annahme genau die Richtige gewesen. Mit einem zufriedenen Lächeln ging er zurück zu seinem Wagen und machte sich sogleich auf den Heimweg. Für ihn war das Thema für Heute erledigt, doch wer wusste schon, ob seine Murmel nicht irgendwann wieder nach ihm rufen würde.

40. Alles wird gut

„Am Ende wird alles gut. Wenn es nicht gut wird, ist es noch nicht das Ende." Sehr oft hatte Heike dieses Zitat schon gehört und jedes Mal fragte sie sich, wann sie endlich das Ende erreichen würde. Es nahm einfach kein Ende und immer wieder rutschte sie in ihren tiefen Schmerz. Das was sie immer noch so tief berührte, lag nun einige Zeit hinter ihr, doch es ließ sie einfach nicht los. Heike fragte sich manchmal, wer eigentlich wen festhält. „Wer kann hier eigentlich wen nicht loslassen? Sie das Geschehene, oder das Geschehene sie", fragte sie sich oft. Natürlich war sie es, die an den

Ereignissen bis heute festhielt und sie in ihren Gedanken immer wieder neu durchlebte. Immer wenn sie dachte, dass sie sich endlich befreien konnte, stand kurze Zeit später wieder der tiefe Schmerz vor ihrer Tür. So konnte es einfach nicht mehr weitergehen. Sie kam sich vor wie in Fesseln, die sie sich in Gedanken selbst angezogen hatte und die sich nun auf ihr ganzes Leben auswirkten. Manchmal kam sie sich regelrecht gelähmt vor. Neues fand kaum noch in ihr Leben, denn es war einfach nicht das nötige Vertrauen und auch kein Raum dafür vorhanden. „Zuerst muss in mir aufgeräumt werden. Damit sich niemand an den alten Möbeln den Kopf stößt", dachte sie sich. Sie musste leicht grinsen, denn ihr gefiel diese Metapher. Doch schon ihr nächster Gedanke bereitete ihr wieder ein wenig Angst. Sie dachte daran, dass sie ganz weit zurück müsste, um so das Geschehen erneut zu durchleben und erlösen zu können. Anders würde es wohl nicht gehen. „Ich muss da ganz tief rein und endlich aufräumen. Ich muss all die spitzen Gegenstände finden, die mich andauernd verletzen. Ich muss das Gift finden, was mich ständig lähmt. Ich muss alles erlösen, was mich noch fesselt, damit ich endlich frei sein kann", sagte sie sich. In ihr wuchs eine Entschlossenheit, die sie in dieser Form schon gar nicht mehr von sich selbst kannte. Heute war der Tag, an dem sie sich endlich entschlossen hatte, dass sie am Wochenende eine Reise in die Vergangenheit wagen würde. Genau dann, wenn ihr Gefühl ihr es mitteilen würde. Genau dann, wenn sie sehr viel Zeit hatte. Die Zeit würde sie ganz sicher benötigen. Es vergingen die Tage und das Wochenende rückte immer näher. Heike war innerlich ein wenig hin und her gerissen. Einerseits freute sie sich auf die bevorstehende Reise nach Innen, andererseits bereitete ihr dieser Gedanke ein wenig Angst. Das Wochenende erreichte sie in dieser Woche ein wenig schneller als gewöhnlich. Zumindest empfand sie es so. Sie hatte sich an diesem Tag auf der Arbeit keine Gedanken mehr über das schmerzhafte Thema gemacht und darauf vertraut, dass sie am Wochenende ihre Erlösung finden würde. Auf ihrem Heimweg von der Arbeit, beschloss sie, dass sie es sich heute so richtig gemütlich machen wollte. Auch dann, wenn es Morgen für sie überaus ungemütlich werden könnte. Eigentlich rechnete sie sogar damit, denn ihr war bewusst, dass in ihr noch ein großer Berg an Schmerzen lauerte, der sie lawinenartig überwältigen könnte. Zuhause angekommen, prüfte sie kurz ob sich eine neue Nachricht auf ihrem Anrufbeantworter befand. Es war keine neue Nachricht vorhanden, was sie an diesem Tag besonders freute. Danach zog sie sich etwas bequemeres an und bereitete sich in der Küche noch eine Kleinigkeit vor, die sie in Ruhe vor dem Fernseher essen wollte. Sie schaltete den Fernseher ein und machte es sich richtig gemütlich. Heute wollte sie in Ruhe den Tag ausklingen lassen und später einfach in Ruhe einschlafen. Morgen früh, gleich nach dem Frühstück, wollte sie mit ihrer Reise nach Innen beginnen. Es dauerte nicht lange, bis Heike vor dem Fernseher einschlief und erst viel später wach wurde. Nachdem sie sich im Bad ihre Zähne geputzt hatte, ging sie gleich zu Bett und schlief sofort wieder ein. Am nächsten Morgen begrüßte sie bereits die Sonne, die breit in ihr Schlafzimmer schien. Heike streckte sich ein wenig und schaute derweil auf ihre Uhr. Ein wenig erstaunt stellte sie fest, dass es bereits 9:24 Uhr war. Sonst schlief sie nie so lange am Wochenende, was sie manchmal sogar ein wenig geärgert hatte. Nachdem sie schnell etwas gefrühstückt hatte, stellte sie sich etwas zum Trinken griffbereit neben ihr Sofa. Danach startete sie eine beruhigende Musik CD, die sie bereits in ihrem CD Player hatte. Sie legte sich bequem auf ihr Sofa und schloss ihre Augen. Alles war bereit für ihre Reise. Es dauerte nicht lange, bis sie sich selbst in einer Zeit wiederfand, die sie sehr genossen hatte. Es war die Zeit, in der sie ihre große Liebe das erste Mal traf. Alles ging damals recht schnell. Sie waren sich Beide auf Anhieb sehr sympathisch und es dauerte nicht lange, bis sie sich das erste Mal für ein gemeinsames Essen verabredeten. Obwohl es zu Beginn auch schon mal stürmisch zwischen ihnen wurde, fanden sie immer wieder auf einen gemeinsamen Nenner. Sie verbrachten eine sehr schöne und überaus harmonische Zeit miteinander. Peter war einfach die Art Mann, mit der sie wundervoll umgehen konnte. Doch etwas wuchs in Heike unaufhaltsam. Zuerst nahm sie es gar nicht so deutlich wahr, bis es plötzlich mit einer hässlichen Fratze vor ihr stand. Dieses merkwürdige Gefühl in ihr. Dieses eine Gefühl, welches ihr vermittelte, dass sie Peter nicht genügen würde. Peter hatte so etwas zwar nie ihr gegenüber geäußert, doch das Gefühl war einfach in ihr vorhanden. Irgendwann fing sie an gegen Peter zu arbeiten, obwohl er nicht gegen sie ansteuerte. Sie hatte einfach das Gefühl, er würde sie ablehnen und nicht mehr so lieben, wie noch zuvor. Erst jetzt erkannte sie, dass dies alles von ihr ausgegangen war und nichts mit ihrem Liebsten zu tun hatte. Dieses Gefühl war damals völlig unbegründet und doch so real. Damals ging es soweit, dass sie sich aus diesem Grund heraus von ihm getrennt hatte und ihm sogar noch vorwarf, dass er es schuld gewesen sei. Peter wusste damals gar nicht wie ihm geschah. Er versuchte sich ihr mehrfach vorsichtig zu nähern, doch sie verschloss sich ihm gegenüber immer mehr. Er hatte keine Chance sich ihr zu nähern, was er irgendwann begriff und so ließ er sie los. Dies wiederum empfand Heike nicht so angenehm und sogar als Bestätigung dafür, dass sie mit ihrem Gefühl Recht hatte. Es war damals schon ein komisches Spiel, was Heike in diesem Augenblick zugeben musste. In ihr wuchs augenblicklich der Schmerz, denn es geschah damals genau das, was sie eigentlich nicht wollte. Dies nun noch einmal so deutlich zu sehen, trieb ihr die Tränen in die Augen. In diesem Augenblick löste sich viel von ihrem angestauten Schmerz, so dass sie plötzlich richtig stark weinte. Nachdem sie sich wieder ein wenig beruhigt hatte, wollte sie ihre Reise fortsetzen. Sie wischte sich ihre Tränen ab und machte es sich erneut bequem. Ihre Reise ging weiter. Sie sah sich selbst in der Zeit nach der Trennung. Damals wollte sie nichts mehr hören und nichts mehr sehen. In dieser Zeit hatte sich Peter noch ein paar Mal bei ihr gemeldet und wurde stets von ihr zurückgewiesen. Irgendwann war auch dies vorbei. Ein paar Monate später erfuhr Heike, dass er eine neue Freundin hatte. Diese Neuigkeit zerriss ihr damals regelrecht das

Herz. Ihr Verhalten war überaus ambivalent. Einerseits wollte sie ihn nicht in ihrer Nähe haben, andererseits sehnte sie sich nach ihm. Dies nun erneut zu erkennen, veranlasste sie dazu ihren Kopf zu schütteln. Sie konnte es selbst nicht mehr glauben, wie sie sich damals verhalten hatte. Sie hatte sich alles selbst zunichte gemacht. Aus einem Gefühl heraus, bei dem sie noch nicht einmal genau wusste, woher es überhaupt kam. Es dominierte sie damals so sehr, dass sie vor diesem Gefühl in die Knie ging und irgendwann nachgab, nur um ihren Frieden finden zu können. War das wirklich der Frieden, den sie sich immer ersehnt hatte? Nein, das war er ganz sicher nicht. Heike holte tief Luft. Was geschehen war, war geschehen. Daran konnte sie nichts mehr ändern. Es war ihr jetzt lediglich möglich, anders darüber zu denken, um es so in der Gegenwart für sie erträglicher zu machen. Genau das versuchte sie im Moment. Als Heike genau darüber nachdachte, blieb nur noch eine Frage, die wirklich für sie wichtig war. „Woher kam dieses Gefühl in ihr?" Irgendwoher musste es kommen. Irgendetwas, was sie in ihrem Leben erlebt hatte, trieb sie immer wieder in dieses Gefühl. Sie hatte zwar eine Ahnung, zu welcher Zeit dieses Gefühl das erste Mal aktiviert worden sein könnte, doch so sehr sie sich auch anstrengte, sie erreichte nicht die direkte Erinnerung. Sie vermutete schon länger, den Ursprung ihres Übels in ihrer Kindheit zu finden. Doch viele Teile ihrer Kindheit waren einfach wie ausgelöscht. So entschied sie sich ganz an den Anfang ihrer Lebensgeschichte zu reisen, in der Hoffnung auf das zu stoßen, was ihr Heute noch das Leben schwer machte. Ihre Reise führte zurück bis kurz nach ihrer Geburt. Sie sah sich als kleines Baby, dass von ihren Eltern gut umsorgt wurde. Ihr Vater und ihre Mutter waren immer für sie da, wenn sie sie brauchte. Ihre Eltern schenkten ihr die volle Aufmerksamkeit, was ihnen auch stets gut gelang, denn sie war ein Einzelkind. Die Reise führte ein wenig weiter und nun sah sie sich, wie sie das Laufen und Sprechen lernte. Auch hierbei bekam sie immer die volle Unterstützung ihrer Eltern. Daraufhin folgte der Kindergarten, in dem es ihr auch sehr gut ging. Es folgte die Zeit, die sie in die Schule führte. Sie konnte in ihrer Erinnerung erkennen, wie mit jedem Lebensjahr auch mehr von ihr verlangt wurde. Sie musste immer mehr lernen und unsagbar viel verstehen. Zudem musste sie sich immer weiter anpassen, um überhaupt bestehen zu können. Für sie war das alles nicht immer so leicht gewesen, denn sie wollte damals auch etwas Raum für sich selbst haben, um einfach nur spielen zu können. Der Alltag verlangte immer mehr von ihr und plötzlich gab es Noten in der Schule, für ihre erbrachte Leistung. Sie wurde ständig an Anderen gemessen und somit auch oft alleine dadurch schon erniedrigt. Alles drehte sich nur noch darum, gute Leistung zu erbringen. Als sie sich diese Erinnerung betrachtete, erkannte sie jetzt, dass es nur darum ging die Kinder auf die Arbeitswelt vorzubereiten und persönliches fand auf dieser Ebene kaum noch Platz. Sie hatte das Gefühl, dass damals alle in die Gleiche Richtung getrimmt wurden. Fast so, als wären sie auch alle gleich. „Wir werden fast alle in die gleiche Richtung getrieben und wundern uns dann darüber, wie unsere Gesellschaft ist", dachte sie sich. Heike konzentrierte sich wieder auf ihre Reise. Lag in dieser Zeit der Schlüssel für ihr Gefühl verborgen? Vieles aus dieser Zeit befand sich immer noch im Dunklen. Doch plötzlich... Blitzartig traf Heike eine Erinnerung aus dieser Zeit. Gegen Ende ihrer Schulzeit wurde sie unter diesem Leistungsdruck immer schlechter in der Schule. Sie wollte sich damals diesem Druck nicht länger beugen und irgendwann war es ihr sogar egal, wohin das alles führte. Ihr war die persönliche Freiheit wichtiger, als all diese guten Noten, die die meisten Anderen um sie herum anstrebten. Natürlich bekamen das auch ihre Eltern mit, die über diese Entwicklung nicht sehr erfreut waren. Immer wieder musste sie sich von ihnen zurechtweisen lassen und irgendwann fing die Zeit an, in denen ihre Eltern sie regelmäßig als unfähig beschimpften. Heike stoppte augenblicklich ihre Gedanken. „Das ist es", dachte sie sich. Sie hatte den Schlüssel endlich gefunden. Wieso hatte sie das nicht schon früher erkannt? Heike erinnerte sich, dass in dieser Zeit ihr Gefühl das erste Mal in ihr verstärkt auftrat. „Nicht zu genügen – für Andere nicht genug zu sein." Ihre Eltern hatten es sie in dieser Zeit immer wieder wissen und fühlen lassen. So oft, bis sie es irgendwann selbst geglaubt hatte und somit diesen Glauben über sich selbst tief in sich verankerte. Heike hatte endlich den Zeitpunkt gefunden, in dem sich dieser Glaubenssatz tief in ihr vergraben befand. Selbst wenn es ihr gut ging und es keinen Anlass zum Zweifeln gab, machte sich dieser Glaubenssatz irgendwann selbstständig und fing an ihr Leben zu zerstören. So lange, bis es wirklich so aussah, dass sie Anderen nicht genügen würde. Ein selbst inszeniertes Schauspiel, das immer wieder im Leid endete. Heike holte tief Luft und öffnete ihre Augen ganz weit. „Geschafft!", dachte sie sich. „Doch wie geht es nun weiter?", fragte sie sich. Sie wusste nun woran es liegt, doch nicht wie es verschwinden würde. Sie wusste nun was in ihr lebte und ihr das Leben immer wieder schwer gemacht hatte, doch nicht, ob es wieder auftreten würde. Wie sollte sie dies auch wissen können, ohne in eine Situation zu geraten, die dies zulassen würde. Nach Heikes Reise verging einige Zeit, in der sie sich immer wieder selbst an die Worte ihrer Eltern erinnerte, damit sie nicht in Vergessenheit geraten würden. Doch im Gegensatz zu früher, glaubte sie nicht mehr an die Worte ihrer Eltern. Irgendwann kam die Zeit, in der ihr die nächste Möglichkeit geschenkt wurde. Diese nahm sie überaus dankend an. Gott schien es gut mit ihr zu meinen, denn es war tatsächlich ihr Peter, der eines Tages wieder bei ihr anrief, um sich nach ihrem Befinden zu erkundigen. Er hatte sich von seiner letzten Freundin vor einiger Zeit getrennt, wie er ihr mitteilte. In ihm waren noch zu viele Fragen ungeklärt und offen. Fragen die zwischen Heike und ihm standen, und ihm immer wieder in den Sinn kamen, obwohl es ihm recht gut ging. Er wollte erst seinen Frieden finden, um dann weiter schreiten zu können. Heike war über sein Interesse an ihr sehr erfreut, denn sie erkannte die Möglichkeit die ihnen nun geschenkt wurde. So kam es, dass Heike und Peter bei ihrem zweiten Versuch etwas ganz Anderes erreichten – sie erreichten ihre gemeinsame Ewigkeit.

41. Die Welt drehen

Als Goran an diesem Morgen erwachte, bemerkte er sofort, dass etwas anders war. Er konnte es nicht direkt beschreiben, denn es war vielmehr nur ein Gefühl, welches ihn erreichte. Sein erster Gedanke war, dass sich etwas im Weltgeschehen verändert hatte. Wie sollte es auch anders sein, denn sein Leben drehte sich seit Jahren nur noch um das Geschehen auf der Erde. Er beobachtete immer alles ganz genau und das Meiste was er zu sehen bekam, war weniger schön. Seiner Meinung nach, gab es sehr viel, was verbessert und verändert werden müsste, damit den kommenden Generationen noch ein lebenswertes Leben sicher wäre. Eine ganze Zeit lang kam er sich ziemlich machtlos vor, denn in ihm lebte der Glaube, nichts ausrichten zu können. Tatsächlich war es immer die Minderheit, die die Welt verändert hatte. Selbst wenn es nur Geschäftsideen waren, die einen großen Einfluss auf unsere Gewohnheiten nahmen. Nachdem Goran in der Küche das Wasser für seinen Tee aufgesetzt hatte, machte er sich sogleich an seinen Rechner, um die neusten Nachrichten zu lesen. Er klickte sich durch all seine Lieblingsseiten, doch so viel war in der Nacht gar nicht geschehen. Bereits seit einigen Monaten war er ohne Arbeit, was ihn einerseits bedrückte, ihm andererseits allerdings viel mehr Zeit für seine Recherchen schenkte. Wenn es nach ihm ginge, so dürfte dies ruhig noch ein paar Monate so bleiben. Obwohl es für seine Zukunft sehr wichtig gewesen wäre, schaute er meistens erst ganz zum Schluss auf den Seiten nach, die den Arbeitsmarkt repräsentierten. Als Goran aufstand um sich seinen Tee aufzugießen, war das Wasser längst aufgekocht. Mit einer Tasse Tee in der Hand, ging er gleich zurück zu seinem Rechner. Eine ganze Weile starrte er einfach nur auf den Bildschirm und versank dabei in seinen Gedanken. Er dachte wieder darüber nach, wie seine Mitmenschen das Geschehen um sich herum wahrnahmen. Die meisten seiner Mitmenschen sehnten sich nach einer Veränderung, doch nur die Wenigsten von ihnen verstanden, dass diese nur möglich ist wenn sie sich selbst verändern würden. Es war seiner Meinung nach einfach verrückt, darauf zu hoffen das sich etwas änderte und im gleichen Zuge nichts dafür getan würde. Goran erkannte schon vor einiger Zeit, dass sich diese Einstellung bereits durch die ganze Geschichte der Menschheit zog. Die meisten Menschen ließen sich lieber führen, anstatt das Ruder selbst in die Hand zu nehmen. Es kam ihm so vor, als würde die Menschheit lieber zu Grunde gehen, als freiwillig ihre Gewohnheiten zu ändern.

Seiner Meinung nach, konnten die meisten Mitmenschen mit der Verantwortung überhaupt nichts mehr anfangen. Goran hatte das Gefühl, dass jeder nur seine eigene Suppe kochte und fast Niemand über sich selbst hinaus kam, geschweige denn, ein paar Jahre in die Zukunft schauen würde. Anders konnte er sich das destruktive Verhalten der Menschen einfach nicht mehr erklären. Die Zeiten hatten sich geändert und seiner Meinung nach war es in der heutigen Zeit, im Vergleich zu Früher, sogar noch viel schlimmer. Die heutige Technik unterstützte das destruktive Verhalten der Menschen um ein vielfaches. Wofür der Mensch früher lange brauchte, dass schafft er heute weitaus schneller. Demzufolge ist auch die Verschmutzung auf der Erde, um ein vielfaches höher. In allen Meeren dieser Welt ist bereits Plastikabfall zu finden. Selbst im Trinkwasser wurden mittlerweile Plastikpartikel gefunden, bei denen noch keiner weiß, wie sie sich langfristig auf den Menschen auswirken werden. Alles wurde durch kabellose Geräte ersetzt, die natürlich eine menge Strahlung abgeben und alles andere als gesund sind. Goran wünschte sich oft, dass die Menschen sehen könnten, in welch einer Strahlensuppe sie sich bewegen. Damit sie endlich begreifen, dass dies auf Dauer nicht gesund sein kann. Selbst bei der

Nahrung wurde kein Halt gemacht. Es wird überall Chemie der Nahrung beigefügt, damit sie sich länger hält und die Tiere bekommen Medikamente, damit sie zumindest noch bis zu ihrer offiziellen Tötung überleben. Goran war es bewusst, dass der Mensch einen Teil dieser Gifte in sich aufnimmt, wenn er diese Produkte verzehrt. Ihm war klar, dass die Menschen subtil damit zu kämpfen haben, um all die unnötigen Gifte wieder abzubauen. Er war fest davon überzeugt, dass am Ende abgerechnet wird. Einige seiner Mitmenschen konnten mit dieser Aussage überhaupt nichts anfangen. Sie bedeutet lediglich, dass am Ende die Zeit abgezogen wird, die wir uns im laufe des Lebens selbst nehmen, indem wir entsprechend mit unserem Körper umgehen. Das was dem Menschen nicht gut tut und er sich dennoch zufügt, schadet ihm. Was dem Menschen schadet, nimmt einen Teil von ihm, weil es ihn mehr Kraft kostet, als es eigentlich müsste. „Der Mensch ist ein wahrlich guter Verbraucher. Ein Verbraucher seiner Selbst." Bei diesem Gedanken musste Goran richtig grinsen. Ja, dieser Gedanke gefiel ihm besonders gut. Wie gerne würde er die Welt drehen, denn sie kam ihm in diesem Zustand völlig verdreht vor. Das was schlecht für den Menschen ist, wird als gut verkauft und allgemeine Werte die ins Leid führen müssen, werden unter höchster Priorität als Wahrheit geführt. „Möchte die Menschheit leiden, oder warum folgt sie weiterhin diesem Weg?", fragte er sich in diesem Moment selbst. „Warum erkennt die Mehrheit nicht, dass wir uns selbst dafür entschieden haben, dass die Welt so ausschaut, wie sie ist? Auch dann, wenn wir einfach nichts tun und uns somit mit den vorhandenen Zuständen zufrieden erklären", fragte er sich. „Nicht nur die Menschen die alles verdrehen sind die Bösen, sondern auch Jene, die es einfach zulassen, indem sie nur zuschauen. Alles geschieht, weil es geschehen kann und solange wir nur zuschauen, müssen wir uns nicht darüber wundern, dass es geschieht." Goran merkte sofort, wie er bei diesen Gedanken ein wenig in Rage geriet. Er richtete seinen Blick wieder auf den Bildschirm, weg von sein Gedanken, um sich ein wenig zu beruhigen. Er zuckte leicht zusammen, als plötzlich das Telefon klingelte. Goran besaß noch ein sehr altes Telefon. Eins ganz ohne Display, welches nur an die Telefonbuchse gekoppelt war. Er wollte sich nicht unnötig mit den Strahlen der Funkübertragung belasten, die bei einem längeren Telefonat sehr lange und direkt aufs Hirn gerichtet sind. Das Telefon stand direkt gegenüber von seinem Rechner, so das er aufstand und sich gegenüber hinsetzte. Er rechnete fest damit, dass wieder eine der vielen Zeitarbeitsfirmen am anderen Ende war, die in letzter Zeit oft Interesse an ihm gezeigt hatten. „Goran hier, hallo wer ist da?", fragte er kurz. „Hallo Goran, altes Haus. Schön das ich dich endlich gefunden habe", sagte die männliche Stimme am anderen Ende der Leitung. Goran war ein wenig überrascht. Es war offensichtlich keine Zeitarbeitsfirma, sondern Jemand der ihn zu kennen schien. „Wer ist denn da?", fragte er. „Was denn? Erkennst du denn nicht mehr meine Stimme, oder klingt sie womöglich so anders?", fragte der Unbekannte. Goran schwieg, in der Hoffnung so an seine Antwort zu gelangen. „Ich bin es, dein alter Kollege aus der Realschule – Christian", sagte die Stimme. Goran dachte nach und plötzlich wurde ihm von seinem Unterbewusstsein das passende Bild geliefert. Jetzt sah er Christian vor seinen Augen und mit diesem Bild, kamen viele seiner Erinnerungen hoch. Erinnerungen die längst vergessen schienen. „Das ich das noch erleben darf", sagte Goran. Am anderen Ende war nun ein Lachen zu hören. „Ja, ja. Ich freue mich auch, dich zu hören", sagte Christian. Beide hatten sich eine ganze Menge zu erzählen. Über längst vergangene Zeiten und natürlich auch über die momentane Lage der Menschheit. Goran wunderte es nicht, dass Christian nicht seine

Meinung teilte und lieber der Meinung des Mainstreams folgte. Für ihn schien es so, als sei Christian auf einem Auge blind und das er nur das sieht, was er sehen wollte. Natürlich war es auch so, denn Goran war bewusst, dass auch er so seine persönliche Realität erleben würde. Das war einer der Punkte, die Goran am Menschsein so liebte. Die Tatsache, dass jeder Mensch die Möglichkeit besaß, seine Realität entsprechend anzupassen. Indem er bestimmte Glaubenssätze und Wahrheiten verinnerlichte. Darin erkannte er auch zugleich die große Chance, die Welt zu verändern. Die Welt ist immerhin so, weil die Mehrheit der Menschen so ist. Würde sich der Mensch ändern, dann würde sich dies auch auf der Erde an allen Ecken und Enden zeigen. Vielen war dieser einfache und scheinbar doch so schwere Schritt nicht bewusst. Das Gespräch zwischen Christian und Goran dauerte ganze zwei Stunden, bis Christian das Gespräch beenden musste. Goran saß nach dem Telefonat noch eine Weile in seinem Sessel und ging innerlich noch einmal das Gespräch durch. Dies machte er bei allem was er erlebte, um so das Meiste an Wissen für sich selbst dabei herauszuziehen. Mit dieser Vorgehensweise hatte er schon sehr viel über das Leben lernen dürfen. Goran spürte plötzlich das seine Kehle trocken war. Er stand auf, um sich in der Küche etwas zum Trinken einzuschütten. Goran hatte nicht bemerkt, dass sich die Telefonleitung schon während seines Gespräches mit Christian, um sein linkes Bein gewickelt hatte. Etwas riss schlagartig an seinem Bein. Bevor er registrieren konnte, was es war, fiel er schon zu Boden. Goran versuchte sich noch abzustützen, doch es war bereits zu spät. Er schlug leicht mit seinem Kopf auf den Boden und verlor gleich darauf das Bewusstsein. Schwarz... Es war einfach nur schwarz um ihn herum. Goran fand sich in dunkelster Dunkelheit wieder. War es ein Traum? War er in seinem Unterbewusstsein? Wo war er? Er wusste es zur Zeit nicht. Goran fasste sich an den Kopf, denn er verspürte einen leichten Schmerz an seiner Schläfe. Vorsichtig tastete er sich nach vorne. In weiter Ferne konnte er einen hellen Punkt erkennen. Langsam wurde der helle Punkt zu einem großen hellen Stern. Die Helligkeit, die Goran nun geschenkt wurde, nutzte er und so schaute er das erste Mal an sich herab. Er erkannte, dass an ihm alles wie immer war. Er besaß einen Körper, der zudem völlig intakt war. „Wo bin ich hier?", fragte er sich und ging weiter auf den hellen Stern zu. Mit einem kurzen Aufblitzen war plötzlich alles weiß um ihn herum. Das Einzige was sich in diesem Weiß noch abhob, war er selbst. Goran streckte seine Arme nach vorne und betrachtete seine Finger. Seine Fingerkuppen schienen im Licht zu flimmern. Um sie herum bildete sich langsam so etwas wie ein weißer Schaum, der langsam seine ganzen Finger einnahm. Goran schaute auf seine Füße und konnte dort genau das Gleiche erkennen. Es erschien ihm so, als würde er sich in dem Weiß, welches ihn umgab, langsam auflösen. Goran spürte, wie er Panik bekam. In ihm stieg große Angst auf. „Was passiert, wenn ich ganz weiß bin? Bin ich dann... Bin ich dann tot?", fragte er sich. Sein Körper löste sich immer weiter auf. Immer mehr von ihm verschwand im weißen Raum und mit seinem Körper, verschwand auch das Gefühl für ihn. Goran erschien es so, als sei er nur noch ein Bündel aus Gedanken. Es kam ihm so vor, als würde er alles verlieren. „Stärke das Gute, anstatt das Böse zu bekämpfen", sprach eine Stimme aus dem Nichts zu ihm. Goran spürte, wie sich selbst seine Gedanken im Weiß aufzulösen schienen. Etwas in ihm wollte Fragen stellen, doch er konnte es nicht mehr. „Ohne das Eine, kann das Andere nicht existieren. Die Dualität beschreibt eure Welt und ohne sie wüsstet du nicht, wer du bist. Ohne sie wärst du wie ein weißer Punkt auf einer weißen Wand. Du wüsstest nicht mehr wer-, oder was du überhaupt bist", sagte die Stimme aus dem Nichts. Goran konnte gerade noch den

Worten folgen. Er begriff zwar was ihm gesagt wurde, doch er spürte auch, wie er sich langsam immer weiter auflöste. „Das Gute und das Böse – würde eins von Beiden nicht existieren, wäre keins von Beiden vorhanden. Du machst es zu dem, was es für dich ist. Gut, oder böse – beides existiert nur in deiner Vorstellung. Wahrlich gibt es nur das, was sein kann. Alles Andere gibt es nicht. Es gibt nur das, was sein kann und das was ist, ist einfach so. Weder gut, noch böse", sagte die Stimme aus dem Nichts. Goran schrie so laut er konnte. Er riss seine Augen so weit auf, wie es ging und schaute nun an seine Zimmerdecke. Er war zurück. Das Telefonkabel, welches noch um sein Bein gewickelt war, erinnerte ihn augenblicklich an seinen Sturz. In ihm wuchs sofort die Freude, noch am Leben zu sein. Nachdem er sein Bein vom Kabel befreit hatte, stand er vorsichtig auf. Sein Kopf schmerzte immer noch ein wenig. Vorsichtig steuerte er auf seinen Sessel zu und ließ sich regelrecht in ihn fallen. Danach dachte er wie gewohnt über das Erlebte nach. Etwas in ihm war anders, was er sehr deutlich fühlen konnte. „Stärke das Gute, anstatt das Böse zu bekämpfen." Diese Worte hallten an diesem Tag noch sehr oft durch seinen Kopf und er wusste, dass er sie zukünftig beherzigen würde.

42. Die Hand des Schöpfers

An diese Montag betrat Jeff Stone sein Büro ein wenig früher als gewohnt. Er hing seinen Hut und seinen Mantel an den dafür vorgesehenen Kleiderständer, bevor er sich wie gewohnt an seinen Schreibtisch setzte. Auf seinem Schreibtisch lagen kaum noch Unterlagen. Die Zeiten hatten sich für ihn geändert und er erhielt die Tage kaum noch Aufträge. Gerade soviel, um sich irgendwie über Wasser halten zu können. Dabei hatte Jeff ganz besondere Fähigkeiten, die immerhin nicht jeder Privatdetektiv besaß. Er besitzt die Gabe ins Totenreich zu blicken. Jeff konnte es kaum beschreiben, doch immer dann, wenn er einen Gegenstand eines Verstorbenen berührte, öffnete sich vor seinen Augen so etwas wie ein Portal. Durch dieses Portal konnte er in die Vergangenheit blicken. Auf diese Weise wurden ihm immer Teilstücke des Geschehenen geschenkt, die nicht Jeder sehen konnte. Nun, eigentlich niemand außer ihm. In seinem Leben hatte er nicht gleich jedem von dieser Gabe erzählt, denn wenn er es tat, wurde er nicht selten als verrückt abgestempelt. Dieses Wissen über seine Gabe in gewissen Situationen für sich zu behalten, vereinfachte sein Leben bisher um einiges. Als er 23 Jahre jung war, erkannte er seine Gabe das erste Mal. Oder entdeckte ihn damals seine Gabe? Er wusste es selbst nicht so genau. Er wusste nur, dass er sie besitzt. Damals als er noch 20 Jahre jünger war, erschrak ihn seine Gabe ganz gewaltig. Er dachte eine Zeit lang selbst, dass er den Verstand verloren hatte. Als seine Gabe von Zeit zu Zeit, immer wieder auftauchte, gewöhnte er sich langsam an sie. Danach begann er sie gezielt für seine Zwecke einzusetzen. Das war die Zeit, in der er sich selbstständig machte und sein Detektivbüro eröffnete. Jeff wunderte sich wo die Zeit geblieben war, denn das war nun auch schon wieder 10 Jahre her. 10 lange Jahre, in dem er den einen oder anderen Fall erfolgreich lösen konnte. Fälle die zu Beginn unlösbar schienen, hatte er gelöst. Jeff schaute aus seinem Bürofenster, denn in seinem Augenwinkel konnte er eine Bewegung wahrnehmen. Das Wetter meinte es an diesem Tag gut mit dem Postboten, der jeden Moment in seinem Büro auftauchen würde. Jeff hoffte darauf, dass heute ein neuer Auftrag für ihn dabei sein würde. Nachdem ihm der Postbote seine Post überliefert hatte, schaute er seine Briefe in Ruhe durch. Ein Brief davon fiel ihm sofort auf, weil der Absender und seine Adresse in einer kindlichen Schrift geschrieben war. Er öffnete ihn vorsichtig und holte einen handschriftlich verfassten Brief hervor. Diesen Brief musste ein Kind verfasst haben. Daran gab es für Jeff keinen Zweifel. Er begann zu lesen.

„Lieber Herr Stone, sie müssen mir helfen. In meinem Leben geschehen schreckliche Dinge und ich komme mir so hilflos vor. Ich weiß nicht mehr was ich tun kann, damit das alles noch ein gutes Ende nimmt. Ich habe von ihren Fähigkeiten gehört und bin mir sicher, dass sie mir helfen können. Bitte helfen sie mir. Ich musste mich verstecken, um Schlimmeres zu vermeiden. Bitte kommen sie zu mir nach Greenwood. Der einzige Weg in diese verlassene Gegend, führt durch den großen Eisenbahntunnel. Bitte helfen sie mir. Sie sind meine letzte Hoffnung."

Der Brief war zudem mit einem Namen unterschrieben, dem Jeff Stone völlig nichtssagend war. Ein gewisser Ethan bat ihn also um seine Hilfe. Jeff lehnte sich weit zurück in seinen Stuhl. Diese Nachricht musste er erst einmal sacken lassen. Ob etwas an diesem Brief wahr war, wusste er nicht. Ohne etwas zu unternehmen, würde er es auch nicht herausfinden. Jeff entschied sich dafür, sich sogleich auf die Suche zu begeben. Er zog sich schnell seinen Mantel und seinen Hut an. Danach verließ er sein Büro und machte sich mit seinem Auto auf nach Greenwood. Eine ganze Stunde fahrt war nötig, um den verlassenen Eisenbahntunnel zu erreichen, von dem Ethan geschrieben hatte. Die Gegend um Greenwood war schon eine ganze Weile lang unbewohnt. In besseren Zeiten wurden in diesem Gebiet noch zahlreiche Rohstoffe abgebaut. Irgendwann war in dieser Gegend kaum noch etwas zu holen und seitdem wirkte dieses Stückchen Land wie ausgestorben. Jeff stieg aus seinem Wagen und machte sich zu Fuß auf den Weg. Er hatte so nah es ging, an dem Tunnel geparkt und konnte ihn in der Ferne bereits schon erkennen. Als er ihn erreichte und durch den dunklen Tunnel schritt, spürte er wie in ihm eine leichte Unruhe aufkam. Etwas unwohl war ihm schon bei der Sache. Am Ende des Tunnel schien das Tageslicht auf die immer noch vorhandenen und intakten Eisenbahnschienen. Als Jeff aus dem Tunnel schritt, schaute er sich erst einmal in Ruhe um. Vor ihm lag ein dicht bewachsener Wald. Inmitten des Waldes verliefen die Eisenbahnschienen geradeaus, bis zu einem Felsen, der auf sie heruntergestürzt sein musste. Die Sonne schien durch die Baumkronen und ließ Schatten auf dem Waldboden tanzen. Nicht weit entfernt vom Tunnelausgang konnte Jeff etwas erkennen, was auf eine dicke Wurzel eines Baumes gelegt war. Es war eine herausgerissene und völlig leere

Buchseite, auf die ein Stein gelegt war. Sie war immer noch sehr gut erhalten. Jeff legte den Stein beiseite und griff sich die Buchseite. Erst nachdem Jeff die Seite drehte, bemerkte er die Zeichnung auf der Rückseite. Diese Zeichnung musste Ethan für ihn hier hinterlegt haben. Es bestand für ihn kein Zweifel. Auf der Zeichnung war ein großer Baum zu sehen, unter dem ein Kind saß. Jeff dachte nach und entschloss sich, seine Fähigkeiten auf dieser Zeichnung anzuwenden. Vielleicht würde ihm seine Gabe ja auch in diesem Fall weiterhelfen können? Er schloss seine Augen und konzentrierte sich vollkommen auf das Gefühl, welches sich immer noch in der Buchseite befand und ihn nun erreichte. Vor seinem geistigen Auge öffnete sich ein Portal, welches ihm augenblicklich ein Teil von Ethans Geschichte offenbarte.

Ethan war noch sehr jung, als er mit dem Schreiben anfing. Er liebte es, sich selbst aus dem schnellen Treiben der Welt zu nehmen und sich in seinen selbst erdachten Geschichten zu vertiefen. Fast an jedem Tag verbrachte er seine ganze Freizeit damit, sich in seinen Geschichten zu verlieren. Seinen Eltern fiel dies bereits sehr früh auf und irgendwann fingen sie an, sich um ihn ein wenig Sorgen zu machen. Seine beiden Brüder waren bereits ein paar Jahre älter und verhielten sich nicht so wie Ethan. Das hatten sie nie getan. Sie waren schon immer auf eine gewisse Weise offener gewesen und liebten es Draußen mit den anderen Kindern zu spielen. Ethans Eltern fragten sich oft, ob sie irgendetwas in ihrer Erziehung versäumt hatten. Doch so sehr sie sich auch nach einer hilfreichen Antwort sehnten, sie fanden sie nicht. An diesem Tag, einem schönen Tag im Sommer, war es die ganze Zeit über besonders warm gewesen. Anders als sonst, setzte sich Ethan unter einen Baum in den Schatten. Die Sonne zauberte überall um ihn herum fantasievolle Schattenbilder, die er gerne dabei beobachtete, wie sie ständig ihre Form änderten. In Gedanken war er bereits dabei seine nächste Geschichte zu schreiben...

Jeffs Vision endete an dieser Stelle und so langsam drang das Knarren und Knacken der Bäume wieder an seine Ohren. Bisher war noch nichts auffälliges geschehen und das machte ihn umso neugieriger. Er hatte nun die Wahl weiter geradeaus den Eisenbahnschienen-, oder links einen kleinen Weg hinauf zu folgen. Etwas in ihm drängte darauf, den kleinen Weg hinauf zu nehmen und so folgte er ihm. Oben angekommen, überwältigte ihn die Aussicht. Er schaute hinab in ein Tal, an dessen Grund sich ein großer See befand. Hier oben, an diesem schönen Fleckchen, erschien ihm die Sonne noch ein Stück wärmer. Um ihn herum, rieselten vereinzelnd die Blätter der Bäume zu Boden. Er konnte sich kaum von diesem wundervollen Anblick lösen und so schaute er noch mehrfach runter ins Tal, während er weiter dem Weg folgte. Vor ihm tauchte eine alte Brücke auf, über die auch die Eisenbahnschienen weiter ins Ungewisse führten. Die Brücke sah schon sehr mitgenommen aus, da sich bereits vereinzelnd die Bretter von ihr lösten. Ihr Tragendes Gerüst aus Stahl, sah hingegen noch sehr stabil aus. Stabil genug, um Jeff ohne große Angst weitergehen zu lassen. Die Brücke zog sich in etwa 50 Meter lang über das Tal. Langsam und vorsichtig ging er voran, um in einer brenzligen Situation noch schnell genug reagieren zu können. Die Sonne neigte sich langsam dem Ende des Tages entgegen und war bereits zur Hälfte am Horizont verschwunden. Sie deckte den ganzen Himmel in ein warmes Orange. Immer wieder schaute er sich das überwältigende Panorama an, welches ihm von hier oben aus geschenkt wurde. Auf der Hälfte der Brücke, fand Jeff die nächste Buchseite unter einem Stein liegend. Er nahm sie vorsichtig in seine Hände und blickte auf eine weitere Zeichnung von Ethan. Zu sehen waren vier Strichmännchen, die sich scheinbar stritten. Die erhobenen Arme deuteten irgendwie auf einen Akt der Gewalt hin. Jeff drehte die Seite um und fand auf der Rückseite eine weitere Zeichnung. Auf ihr war eine gemalte Tür zu sehen, die ein Spalt weit offen war und von einem kleinen Strichmännchen zugedrückt wurde. Durch den Spalt ragten vier Arme, die nach diesem Strichmännchen griffen. Jeff wusste augenblicklich, dass es sich bei dem kleinen Strichmännchen um Ethan handelte. Anscheinend wollte sich Ethan vor irgendwem schützen und versuchte in seiner Verzweiflung die Tür zu schließen. Um die ganze Geschichte deuten zu können, blieb Jeff nichts anderes übrig, als erneut ein Portal zu öffnen. Er schloss seine Augen und konzentrierte sich wieder vollkommen auf das Gefühl, welches immer noch von der Buchseite ausging. Vor seinem geistigen Auge öffnete sich ein weiteres Portal, welches ihm den nächsten Teil von Ethans Geschichte offenbaren würde.

Als Ethan an diesem Tag von der Schule heim kam, herrschte bereits eine angespannte Stimmung zwischen seinen Eltern. Als er den Wohnraum betrat, schauten seine Eltern sich gegenseitig an. Es machte den Eindruck, als ob sie sich gegenseitig auffordern würden, etwas zu sagen. Ethan schaute Beide nur fragend an, doch sie sagten nichts zu ihm. Daraufhin ging er in sein Zimmer, um wie gewohnt weiter an seinen Geschichten zu schreiben. Er schloss seine Tür hinter sich, um sicher zu sein, dass er vollkommene Ruhe hatte. Dennoch konnte er vereinzelt durch die geschlossene Tür hören, wie sich seine Eltern lautstark unterhielten. Als die Lautstärke weiter zunahm, wurde Ethan sehr neugierig. Er öffnete einen Spalt weit die Tür, so das er auf seine Eltern schauen konnte. Jetzt konnte er auch verstehen, worüber sie sprachen. Ethan konnte ohne Zweifel sehen, dass seine Eltern wütend waren. Seine beiden Brüder erschienen ebenfalls im Wohnraum. „Es ist an der Zeit", sagte seine Mutter immer wieder in die Runde. Seine Brüder nickten nur, ohne ein Wort zu sagen. Ethans Vater schien sehr besorgt und anderer Meinung zu sein. „Wie könnt ihr das nur wollen? Er ist doch noch ein Kind!", sagte Ethans Vater. „Der Schneemann muss die Sonne berühren, oder alles wird vergebens sein", sagte Ethans Mutter. „Wollt ihr das wirklich tun?", fragte sein Vater. „Ja, es ist soweit. Es muss beginnen", sagte Ethans Mutter. Seine beiden Brüder nickten erneut. Zusammen gingen sie auf Ethans Tür zu. Voller Angst schloss Ethan die Tür und wollte sie noch abschließen, doch es war *bereits zu spät. Die Türklinke bewegte sich nach unten und direkt darauf öffnete sich die Tür einen Spalt weit. Ethan lehnte sich mit seinem ganzen Gewicht gegen die Tür, in der Hoffnung sie wieder schließen zu können. Der Spalt wurde größer und durch ihn hindurch griffen Arme nach ihm. Lange konnte Ethan diese Position nicht mehr halten und so drückte die Tür Ethan mit einem Schlag beiseite. Ethan viel zu Boden und schaute auf seine Mutter und seine Brüder. Nur sein Vater war nicht zu sehen. In Ethan stieg unsagbar große Angst auf....*

Die Vision endete. Jeff konnte einfach nicht glauben, was er sehen durfte. „Was haben diese Menschen nur mit dem armen Jungen gemacht?", fragte er sich selbst. Innere Unruhe kam in Jeff auf, denn in ihm war auch noch die Hoffnung, dem Jungen helfen zu können. Er schaute sich hastig um und schnell wurde ihm klar, in welche Richtung er weitergehen würde. Die zweite Hälfte der Brücke hatte er bereits hinter sich gelassen, als er in der Ferne einen alten Bahnsteig sah. Diesen wollte er nun aufsuchen. Er folgte weiter den Eisenbahnschienen, bis er den alten Bahnsteig erreichte. Der Bahnsteig lag inmitten eines Waldstückes und wurde damals sicherlich ausschließlich von den Arbeitern genutzt.

Mittlerweile hatte diesen Ort die Zeit in Mitleidenschaft gezogen. Die überdachten Sitzbänke waren immer noch in einem guten Zustand, während der Rest der Überdachung sich schon teilweise in der Zeit auflöste. An verschiedenen Stellen der spitzförmigen Überdachung, schienen die letzten Sonnenstrahlen des Tages hindurch. Direkt neben einer Bank, lag unter einem Stein die nächste herausgerissene Buchseite. Jeff legte vorsichtig den Stein auf die Bank und nahm sich die Seite. Auf ihr war ein gemaltes Strichmännchen zu sehen, was durch einen Wald rannte. Die Rückseite hingegen war völlig leer. Jeff war klar, dass Ethan genau in den Waldabschnitt gerannt sein musste, indem er sich nun befand. Er berührte auch diese Seite, um die Geschichte weiter verfolgen zu können. Vor seinem geistigen Auge öffnete sich erneut ein Portal.

Ethan schaute weiterhin auf seine Mutter und seine Brüder. „Der Schneemann muss die Sonne berühren. Das weißt du, Ethan. Das weißt du ganz genau. Es ist an der Zeit. Komm mit uns...", sagte seine Mutter. Ethan stand auf und rannte sofort zu seinem Fenster, welches zu seinem Glück bereits geöffnet war. Ohne großartig darüber nachzudenken, sprang er durch das geöffnete

Fenster und landete unversehrt im Vorgarten. Ethan rannte um sein Leben. Er rannte einfach und wusste selbst noch nicht wohin. Er wollte einfach nur weg von seiner Familie. Er verstand überhaupt nicht, was sie von ihm wollten. Doch so wie sie ihm gegenübertraten, konnte das nichts Gutes sein. Er rannte weiter, getrieben von seiner Angst, bis vor ihm der Eisenbahntunnel auftauchte. Ethan durchquerte ihn so schnell es ging. Er rannte weiterhin um sein Leben. Immer weiter in den Wald hinein, ohne sich ein einziges Mal umzudrehen...

Die Vision endete an dieser Stelle. Jeff durfte genau das sehen, was er bereits geahnt hatte. Doch wo befand sich Ethan nun und wie hat er es geschafft, auf seiner Flucht die Buchseiten im Wald zu verteilen? Vor allem war ihm eins Suspekt. Von wo aus sendete er den Brief an sein Büro? Anstatt mehr Antworten zu bekommen, ergaben sich immer mehr Fragen, die sich scheinbar in der Dunkelheit des Abends verloren. Mittlerweile war es schon sehr viel dunkler geworden, so dass Jeff nach seiner kleinen Taschenlampe griff, die er immer in seiner Manteltasche bei sich trug. Es würde nicht mehr lange dauern, bis er von ihr Gebrauch machen müsste. Jetzt konnte er gerade noch genug erkennen, um weitergehen zu können. Jeff folgte weiter den Eisenbahnschienen, tiefer in den Wald hinein. Ein lautes Rumpeln in der Ferne, ließ ihn zusammenzucken. Jeff griff sofort nach seiner Taschenlampe und leuchtete in die Richtung, aus dem das Geräusch gekommen war. Er sah wie sich etwas Staub im Schein der Taschenlampe nach oben zog, um im Abendhimmel ein letztes Mal zu tanzen. Vorsichtig näherte er sich diesem Ort und leuchtete zugleich die nähre Umgebung mit ab. Er schaute nun auf einen eingestürzten Eingang, der sich in einem recht großen Hügel befand. Auf den ersten Blick schaute es so aus, als würde es sich um eine Bärenhöhle handeln. Dies ließ Jeff noch ein wenig vorsichtiger werden. Am Eingang lagen einige dicke Brocken Erde, die wohl zuletzt beim Herunterstürzen für das Rumpeln gesorgt hatten. Als sich Jeff genauer umschaute, konnte er erkennen, dass unter einem dieser Brocken die Spitze einer Buchseite hervorragte. Vorsichtig hob er den Brocken an und legte ihn gleich neben die Seite. Die Buchseite war wie durch ein Wunder nur ein wenig staubig, doch ansonsten völlig unversehrt. Mit seiner Taschenlampe leuchtete Jeff über die Seite und erkannte sofort, dass sich auf beiden Seiten Zeichnungen befanden. Auf einer Seite war dieser Höhleneingang gezeichnet. Auf der Seite sah es auch so aus, als würde es schneien. Auf der anderen Seite konnte er Ethan erkennen, der in der Höhle saß und ein Buch in Händen hielt. Bevor Jeff das nächste Portal öffnete, wollte er zunächst in die Höhle schauen, denn vielleicht befand sich Ethan immer noch in ihr. Er musste sich bücken, um durch den Eingang schauen zu können. Mit seiner Taschenlampe leuchtete er die ganze Höhle ab und sah hinten in ihr einen Umriss. Um mehr erkennen zu können, musste er weiter in die Höhle vordringen. Jeff erstarrte. In der äußersten Ecke der Höhle saß ein Junge an die Wand gelehnt. Er hatte seine Augen geschlossen und den Kopf leicht zur Seite gesenkt. Neben ihm befand sich eine abgebrannte Kerze. Gleich daneben lag ein Buch, welches aufgeschlagen war. In diesem Buch fehlten einige Seiten. Das es sich eindeutig um Ethan handelte, war Jeff nun klar. Er eilte gebückt zu Ethan, um zu schauen ob er noch lebte. Jeff war entsetzt. Er war zu spät, denn Ethan lebte nicht mehr. Was war nur geschehen? Wie konnte es soweit kommen? Jeff kniete sich hin und konzentrierte sich auf die gefundene Buchseite. Es dauerte nicht lange und das nächste Portal öffnete sich vor seinem geistigen Auge.

Ethan rannte immer noch. „Der Schneemann muss die Sonne berühren", hatte seine Mutter immer wieder gesagt. Ethan wusste nicht was dies zu bedeuten hatte, doch es machte ihm unheimlich viel Angst. Ethan stolperte und fiel hin. An ihm rutschte sein Buch vorbei, welches er sich in all der Eile noch in die Tasche gesteckt hatte. Keuchend und nass geschwitzt, stand er vorsichtig auf und schaute sich das erste Mal um. Von seiner Familie war nichts zu sehen. Wie es schien, konnte er sie zurücklassen. Doch wie lange würde es dauern, bis sie nach ihm suchen würden? Ethan war sofort klar, dass er ein Versteck brauchte. Er nahm sein Buch und steckte es wieder in seine Tasche. Nicht sehr weit von ihm entfernt, konnte er einen alten Bahnsteig sehen. Suchend nach einem Unterschlupf, folgte er den Eisenbahnschienen weiter in den Wald. Tiefer im Wald fand er eine Höhle, in die er vorsichtig krabbelte. Ethan lauschte aufmerksam, ob sich vor der Höhle etwas tat. Er konnte weiterhin seine Angst tief in seinen Knochen spüren. Ethan legte sein Buch vor sich hin. Aus der anderen Tasche holte er eine Kerze, die er nun anzündete. Um sich ein wenig abzulenken, fing er an eine Geschichte zu schreiben. Selbst jetzt und unter diesen Umständen gelang es ihm noch, dieser Welt zu entkommen. Ethan merkte wie langsam die Nacht hereinbrach und es viel kühler wurde. Seine Geschichte würde eine ganz besondere

Geschichte werden. Eine Geschichte über einen kleinen Jungen auf der Flucht. Eine Geschichte über einen Detektiv, der nach ihm suchen würde. Eine Geschichte über einen Schneemann, den die Sonne sucht. Eine Geschichte, in der ein kleine Junge über Nacht erfror...

Die Vision endete an dieser Stelle. Jeff wusste nicht was er denken sollte. „Der Schneemann muss die Sonne berühren", war also gar keine Bedrohung, sondern vielmehr ein Weckruf gewesen. Ein Hilferuf von Ethans Unterbewusstsein, was erkannte das es sterben würde, wenn er nicht in die Wärme zurück finden würde. Dies war auch zugleich der Augenblick, in dem Jeff Stone erkannte, dass auch er lediglich ein Teil von Ethans Geschichte- und somit lediglich in seinem Unterbewusstsein vorhanden war. Er war nur ein Gedanke, wie alles andere um ihn herum. Jeff würde sich-, wie auch alles andere um ihm herum, mit dem letzten Atemzug Ethans auflösen. Er würde einfach im Nichts verschwinden, um so für die Ewigkeit leben zu können. Jeff Stone war Ethans letzter Gedanke. Ein Gedanke voller Hoffnung, doch auf dieser Ebene vergebens. So kam es, dass sie gemeinsam den Weg in eine andere Welt nahmen.

43. Das Geschenk des Lebens

Es war ein wunderschöner Garten, in dem einst die kleine Möhre Namens Bob lebte. Obwohl um Bob herum eine ganze Menge andere Möhren wuchsen, fühlte er sich sehr einsam und alleine. Dies lag vermutlich ganz alleine daran, dass Bob mit seinem Kopf tief im Boden steckte. Er wusste auch nicht, ob es Tag oder Nacht war. Für ihn war es einfach immer nur ganz dunkel. Mit jedem Tag wuchs der Frust in ihm ein Stück mehr. In seiner Verzweiflung sprach er sehr oft mit sich selbst, so wie auch an diesem Tag. „Einsam, alleine und ständig im Dunkeln. Soll das etwa ein erfüllendes Leben sein? Ich mag so nicht mehr weiter leben", sagte er voller Selbstmitleid, zu sich selbst. Ein Geräusch ließ ihn blitzartig aus seinen Gedanken aussteigen. Er richtete sofort seine gesamte Aufmerksamkeit auf das Geräusch, welches gar nicht so weit von ihm entfernt zu hören war. So sehr er sich auch anstrengte, er konnte dieses Geräusch einfach nicht zuordnen. In ihm wuchs ein wenig die Angst, die sich plötzlich wieder in seinen Gedanken äußerte. „Ob dies mein Ende ist?", fragte er sich selbst. „Hey du. Siehst du mich etwa nicht?", fragte ihn eine Stimme aus der Dunkelheit. Bob zuckte zusammen und war für einen kurzen Moment lang wie gelähmt. Erst etwas später traute er sich zu Antworten. „Nein. Ich sehe überhaupt nichts. Mich umgibt nur die tiefe Dunkelheit. Wer bist du? Wer spricht da zu mir?", fragte Bob. „Mein Name ist Ken und ich bin ein Regenwurm auf der Durchreise", antwortete der Wurm. „Auf der Durchreise? Dann kannst du mir bestimmt etwas über die große weite Welt erzählen?", fragte Bob. „Ganz bestimmt, mein Freund. Doch erlaube mir bitte, dir zuerst eine Frage zu stellen", antwortete der Wurm. Bob schwieg einfach, was der Wurm zugleich als Erlaubnis zum Weiterreden empfand. „Warum bist du so bedrückt, mein Freund? Ich konnte dir eben bei deinem Selbstgespräch zuhören", sagte der Wurm. „Dann hast du bestimmt auch mitbekommen, dass ich hier seit einer Ewigkeit im Dunkeln mein Leben verbringe?", fragte Ben den Wurm. „Das habe ich und dennoch frage ich mich, warum es überhaupt so ist?", fragte ihn der Wurm. Ben verstand die Frage nicht und spürte, wie in ihm kurz die Wut pulsierte. „Hast du mir nicht zugehört?", fragte er den Wurm. „Ich denke schon, mein Freund. Dennoch muss ich dir folgende Frage einfach stellen. Warum verbringst du dein ganzes Leben freiwillig in der Dunkelheit?", fragte der Wurm. Ben konnte es einfach nicht fassen. „Was denkt sich dieser Wurm bloß?", fragte er sich selbst.

„Wie kommst du darauf, dass ich mich freiwillig in der Dunkelheit aufhalte?", fragte er ein wenig entsetzt den Wurm. „Ganz einfach mein Freund. Ich komme deswegen darauf, weil ein Teil von dir schon immer im Licht gelebt hat. Du magst zwar ernsthaft glauben, dass du dich nur hier unten befindest, doch ein Teil von dir lebte schon immer oberhalb des Erdreiches", sagte der Wurm. Ben schwieg und dachte nach. Bevor Ben antworten konnte, redete der Wurm weiter. „Dein Möhrengrün empfängt jeden Tag das Tageslicht und badet sehr oft in der Sonne. Warum stellst du dir selbst nicht die eine Frage, die wirklich wichtig ist? Wieso du nur hier unten bist, obwohl du stets die Wahl hast, auch oben sein zu können?" Ben wusste nicht was er sagen sollte. War das wirklich wahr, was der Wurm da sagte? Hatte er tatsächlich immer die Wahl gehabt, auch an der Oberfläche im Licht zu sein? In Ben brannte die Frage nach dem „WIE" und so stellte er sie dem Wurm. „Wie? Wie kann ich das denn machen? Ich glaubte für immer im Dunkeln verloren zu sein und nun sagst du mir, dass ich eine Wahl habe? Sag mir bitte – WIE komme ich hier weg?", fragte Ben. Der Wurm kicherte leise, bevor er auf seine Frage einging. „Im Grunde ist es sehr einfach. Zumindest dann, wenn du weiß wie du es machen kannst. Du brauchst einfach nur deine Aufmerksamkeit zu verlagern und dein ganzes Leben wird dir folgen. Das ist das große Geschenk des Lebens. Dein Leben folgt deiner Wahl. Natürlich auch dann, wenn du denkst es sei nicht so. Egal worauf du deine Aufmerksamkeit richtest, es wird wachsen", antwortete der Wurm. Ben dachte nach. „Sollte das tatsächlich alles wahr sein?", fragte er sich. Das wollte Ben unbedingt ausprobieren und so richtete er seine ganze Aufmerksamkeit auf seinen Körper. Augenblicklich spürte er sich selbst viel intensiver. So intensiv und deutlich, wie niemals zuvor in seinem Leben. Erst danach lenkte Ben seine Aufmerksamkeit weiter nach oben. Das erste Mal spürte er bewusst den anderen Teil seiner selbst, der sich seit Lebzeiten oberhalb der Muttererde befand. Plötzlich erreichte ihn die wohlige Wärme, die augenblicklich seinen ganzen Körper durchströmte. Ben spürte wie die Sonne über seine grünen Arme aus Möhrengrün tanzte. Ben kam es so vor, als wäre er neu geboren worden. Der Wurm fragte ihn darauf, ob er es verstanden hätte, doch er erhielt nie eine Antwort. Ben befand sich längst an einem anderen Ort. Einem Ort der ihm sehr viel Kraft schenkte. So zog der Wurm mit einem Lächeln auf dem Gesicht weiter – denn er wusste, dass er jemanden den Tag versüßt hatte.

Eine Hand voll letzter Worte

Das ist es also. Mein neustes Buch, in das ich sehr viel Herzblut fließen ließ. Auf dem Weg der Entstehung, machte ich es mir an manchen Tagen einfach bequem, schloss meine Augen und wartete ab, ob mich eine neue Idee für eine Geschichte erreichte. Nicht immer war dies der Fall, denn es gab durchaus Tage, an denen die eigene Energie nicht entsprechend ausgerichtet war. Zum meinem Glück war dies nicht allzu wichtig, denn egal wie auch mein Tag gewesen sein mochte, wusste ich immer, dass es wieder bessere Tage geben würde. Tage an denen es wieder in Leichtigkeit funktioniert. Auf diese Weise und in zwei Etappen, entstand mein neustes Buch, welches Sie nun zu meiner Freude in ihren Händen halten. Es war nicht immer so einfach mit dem Verfassen der Geschichten und manchmal war es für mich einfach notwendig loszulassen. Damit der Entstehungsprozess irgendwann weiterfließen konnte und somit seine Richtung wie von selbst fand. Ich hoffe das Ihnen mein Buch ansatzweise so viel Freude beim Lesen bereitet hat, wie mir beim Verfassen. Auf diesem Wege wünsche ich Ihnen alles Gute und möge das zu Ihnen finden, was Sie sich ersehnen.

Ihr Michael Kern

Außerdem erhältlich:

Sonnenträume

Sonnenträume - in diesem Buch vermischen sich Traum und
Wirklichkeit auf besondere Weise. Die ganz besonderen
Sonnen-Fotos nehmen den Betrachter mit auf eine Reise in
die fantastische Welt der Farben und Fantasie. Die Texte
entführen den Leser in die Welt der Poesie, gleiten mit ihm
durch Raum und Zeit und berühren ganz verschiedene
Seiten in ihm. Eine ganz eigene Komposition der Worte
nimmt Sie mit auf einen magischen Weg zu sich selbst.
Öffnen Sie ihr Herz und Ihren Blick für das Leben und
freuen Sie sich auf wärmende Impulse ganz im Zeichen der
Sonne - dem Stern, der uns Leben schenkt.

ISBN 978-3-8423-2589-0
Paperback, 124 Seiten

Abgrund - Die Wunder des Lebens

Als der erfolgreiche Schriftsteller Jack Bender an einem
Punkt in seinem Leben gelangte, an dem er keinen Ausweg
mehr sah, entschied er, sich das Leben zu nehmen.
Dabei erlebte er ein Abenteuer durch Zeit und Raum mit
tiefen Rückblicken in sein Leben.
Abgrund - die Wunder des Lebens ist eine Geschichte über
das Leben und darüber hinaus.

ISBN 978-3-8391-8069-3
Paperback, 120 Seiten

Außerdem erhältlich:

KernGedanken

KernGedanken ist kein Buch, das gefallen möchte und gibt unverblümt die Gedanken des Autors wieder. Es werden etliche Themen besprochen und durchdacht, welche unser Menschsein wahrhaftig ausmachen. Dieses Buch möchte Sie nicht unterhalten, sondern Sie dazu anzuregen völlig umzudenken. KernGedanken ist ein Buch, welches Sie lieben werden, oder aus Wut in die Ecke schmeißen könnten. Dieses Buch wird Ihr Leben verändern. Es sei denn, es ist nicht so...

ISBN 978-3-8448-1490-3
Paperback, 212 Seiten

Energie Orakel

Das Energie Orakel ist ein besonderes Orakel im Buchformat. Mit einem leicht anzuwendenden und speziell für dieses Buch entwickeltes Verfahren, ist es sowohl Neulingen als auch erfahrenen Anwendern möglich, die eigene Lebensaufgabe besser zu verstehen. Zu den kunstvoll gestalteten Orakel Seiten bietet Ihnen dieses Buch zusätzlich eine angemessene Herangehensweise, um schwierige Lebenssituationen zu erkennen und bedeutende Veränderungen zu bewältigen.

ISBN 978-3-8448-1637-2
Paperback, 124 Seiten

<u>Außerdem erhältlich:</u>

Kraftperlen

Manchmal reicht es aus, einen inspirierenden Satz zu lesen,
um das eigene Leben aus einer völlig neuen Perspektive
betrachten zu können. Dieses Buch bietet Ihnen die
Möglichkeit, neue Ansätze für Ihr Leben zu finden.
Auf jeder Seite finden Sie eine Weisheit zu einem
ausgewählten Kunstwerk. Ich lade Sie ein, sich inspirieren
zu lassen von der Energie dieser Kraftperlen.

ISBN 978-3-8448-0753-0
Paperback, 48 Seiten

Weiter Infos finden Sie unter:
www.M7-Seven.de

Ich wünsche Ihnen
viel Glück auf
Ihrer Reise.